Lexique de l'informatique

Informatics Glossary

Bulletin de terminologie 225

Terminology Bulletin 225

François Mouzard

Illustration

Conception : Kostron Graphics

Design: Kostron Graphics

© Ministre des Approvisionnements
et Services Canada 1994

En vente au Canada chez

votre libraire local

ou par la poste auprès du

Groupe Communication Canada - Édition
Ottawa (Canada) K1A 0S9

N° de catalogue S52-2/225-1994
ISBN 0-660-59112-X

© Minister of Supply and Services
Canada 1994

Available in Canada through

your local bookseller

or by mail from

Canada Communication Group - Publishing
Ottawa, Canada K1A 0S9

Catalogue No. S52-2/225-1994
ISBN 0-660-59112-X

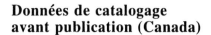

Données de catalogage avant publication (Canada)

Mouzard, François, 1947-

Lexique de l'informatique = Informatics glossary

(Bulletin de terminologie = Terminology bulletin ; 225) Texte en français et en anglais. Comprend des références bibliographiques. ISBN 0-660-59112-X N° de cat. S52-2/225-1994

1. Sciences de l'information — Dictionnaires. 2. Français (Langue) — Dictionnaires anglais. 3. Sciences de l'information — Dictionnaires anglais. 4. Anglais (Langue) — Dictionnaires français. I. Canada. Travaux publics et Services gouvernementaux Canada. Direction de la terminologie et des services linguistiques. II. Titre. III. Titre : Informatics glossary. IV. Coll. : Bulletin de terminologie (Canada. Travaux publics et Services gouvernementaux Canada. Direction de la terminologie et des services linguistiques) ; 225.

QA76.15M6 1994   004.03
C94-980113-5F

Canadian Cataloguing in Publication Data

Mouzard, François, 1947-

Lexique de l'informatique = Informatics glossary

(Bulletin de terminologie = Terminology bulletin ; 225) Text in English and French. Includes bibliographical references. ISBN 0-660-59112-X Cat. no. S52-2/225-1994

1. Information science — Dictionaries — French. 2. French language — Dictionaries — English. 3. Information science — Dictionaries. 4. English language — Dictionaries — French. I. Canada. Public Works and Government Services Canada. Terminology and Linguistic Services Directorate. II. Title. III. Title: Informatics glossary. IV. Series: Bulletin de terminologie (Canada. Public Works and Government Services Canada. Terminology and Linguistic Services Directorate) ; 225.

QA76.15M6 1994   004.03
C94-980113-5E

Table des matières

Table of Contents

Avant-propos

La percée informatique connaît des rebondissements sans précédent, et pour la première fois il se vendra plus d'ordinateurs que d'automobiles en Amérique du Nord en 1994. Par ailleurs, la puissance de ces machines est doublée tous les 18 mois environ et il faut nommer sans cesse et par centaines les nouveaux matériels, logiciels, périphériques et fonctions qui leur sont propres. Dans cette dernière décennie du vingtième siècle, l'ordinateur traditionnel cède la place à un outil polyvalent qui intègre travail, loisirs, communication et information : il devient incontournable.

Le *Lexique de l'informatique* vise à répondre aux besoins des utilisateurs qui doivent faire face à une prolifération terminologique toujours croissante, qu'ils soient traducteurs, rédacteurs, vendeurs, techniciens ou simples utilisateurs, en leur présentant la terminologie de base et de pointe qui leur permettra d'exprimer avec exactitude toutes les réalités du domaine.

Les Services de traduction sont fiers de présenter le *Lexique de l'informatique* et souhaitent qu'il contribue à favoriser la communication entre les deux principaux groupes linguistiques du pays.

Foreword

There have been unprecedented developments in the field of informatics in recent years. For the first time in North America, more computers than automobiles will be sold in 1994. Computer capacity doubles every eighteen months, and finding terms to identify the hundreds of new hardware and software products and peripherals as well as their functions is now an unending task. The traditional computer is slowly being replaced by a more comprehensive tool designed to integrate work, leisure, communications and information, a fact that has made this tool indispensable for the home and workplace.

The *Informatics Glossary* is intended for use by all those interested in obtaining terminological information on the increasing number of new concepts in the field. Translators, writers, suppliers, technicians and customers will all find this publication to be a reliable source of information for correct terminological usage in informatics.

Translation Services is proud to present this glossary and hopes that it will help to promote communication between the country's two main language groups.

Je tiens à remercier et à féliciter personnellement tous ceux qui ont participé à la réalisation de cet ouvrage.

In closing, I would like to express my gratitude to all those who have made this work possible.

Le sous-ministre adjoint
(Services de traduction),

Roger Gagnon

Assistant Deputy Minister
(Translation Services)

Introduction

Le présent ouvrage est la première édition sous forme de bulletin de terminologie du *Lexique de l'informatique* publié par la Direction de la terminologie et des services linguistiques. Le contenu des anciens petits lexiques datait en effet d'environ quatre ans, et depuis lors nous avons assisté au développement d'au moins trois générations de microprocesseurs utilisés dans les micro-ordinateurs. Il s'avérait donc urgent de procéder à une révision des notions existantes et d'en ajouter de nouvelles afin de refléter les énormes progrès réalisés dans le domaine des technologies de l'information.

De 750 entrées en 1990, le *Lexique de l'informatique* en compte désormais plus de 2 000. L'accent est mis sur le poste de travail de l'utilisateur et sur la terminologie nouvelle des technologies récentes qui vont faire partie de sa réalité quotidienne : réseaux de communication, multimédias, portativité et réalité virtuelle, entre autres.

Le lecteur trouvera bien entendu des termes informatiques de base, mais aussi, et en plus grand nombre, la terminologie bilingue essentielle relevée dans les normes nationales et internationales, les ouvrages de vulgarisation

Introduction

This is the first edition of the *Informatics Glossary* in the Terminology Bulletin series, published by the Terminology and Linguistic Services Directorate. The information contained in the previous edition is approximately four years old, the equivalent of at least three generations of computer microprocessors. There was therefore a pressing need to review existing terms and concepts and add new ones to the publication in order to reflect the enormous strides information technologies have been making.

This new edition of the *Informatics Glossary* boasts more than 2,000 entries, compared with the 750 published in the 1990 edition. It deals especially with the terminology of general-use work stations as well as the new concepts which describe the latest technologies that are fast becoming part of our daily life, such as communication networks, multimedia, mobile computing and virtual reality.

Also included are basic informatics terms and a large number of essential bilingual expressions taken not only from national and international standards, recent popular computer publications, specialized monthly

scientifique, les revues spécialisées et la documentation technique des grands salons et expositions informatiques, ainsi que celle relevée dans le cadre du traitement des demandes ponctuelles formulées au service de renseignements téléphoniques de la Direction. Figurent également un bon nombre d'expressions idiomatiques et de termes de métier, car chacun sait que les informaticiens n'ont pas leur pareil pour innover dans leur langue de spécialité.

Le *Lexique de l'informatique* appartient à une série d'ouvrages terminologiques destinés à faciliter la communication technique, en français et en anglais, tant au sein de l'administration fédérale qu'à l'extérieur.

On envisage de publier régulièrement une mise à jour révisée et augmentée. À cette fin, le lecteur est invité à faire parvenir ses commentaires et suggestions à l'adresse suivante :

Direction de la terminologie et
  des services linguistiques
Services de traduction
Travaux publics et Services
  gouvernementaux Canada
Ottawa (Ontario)
K1A 0M5

magazines and technical documentation collected at major computer shows and exhibitions, but also from the research results produced in response to clients' terminology requests. In addition, the publication contains a number of idiomatic and colloquial expressions characteristic of computerese, the jargon made popular by informatics specialists.

The *Informatics Glossary* is part of a series of terminological reference works intended to facilitate technical communication in English and French both in the federal public service and in the private sector.

The terminology of the field is evolving rapidly and will be covered in the next edition of the glossary. Readers are therefore encouraged to forward to the following address any comments and suggestions they may consider useful:

Terminology and Linguistic
  Services Directorate
Translation Services
Public Works and Government
  Services Canada
Ottawa, Ontario
K1A 0M5

Remerciements

L'auteur tient à remercier tous
ceux qui, de près ou de loin, ont
contribué à la réalisation du
Lexique de l'informatique. En
particulier, il remercie vivement
Lillian Arsenault et Bao Pham,
des Services linguistiques d'IBM
Canada Ltée, à Montréal, pour
leur révision et leurs précieux
commentaires.

François Mouzard

Acknowledgements

The author wishes to thank all
those who contributed to the
production of the *Informatics
Glossary*, and particularly
Lillian Arsenault and Bao Pham
from IBM Canada Ltd Linguistic
Services, in Montreal, for the
invaluable comments they
provided during the revision
of the manuscript.

François Mouzard

Guide d'utilisation

Pour alléger la présentation
du lexique et en faciliter la
consultation, nous avons établi
les règles suivantes :

Les abréviations et les synonymes
sont séparés de la vedette
principale par un point-virgule.

Les crochets renferment une
explication sur le sens ou
l'emploi d'un terme.

Abréviations et symboles

(adj.)	adjectif
(n.é.)	nom épicène
(n.f.)	nom féminin
(n.m.)	nom masculin
NOTA	remarque particulière d'usage
®	appellation commerciale

User's Guide

To streamline the glossary and
facilitate its use, the following
rules have been observed:

A semicolon has been used to
separate the synonyms and
abbreviations from the main
entry term.

Brackets have been used to
enclose an explanation on the
meaning or use of a term.

Abbreviations and Symbols

(adj.)	adjective
(n.)	noun
NOTE	remark on the use of a term
®	trade name
(v.)	verb

abend (n.); abnormal termination; abnormal end	fin anormale (n.f.)
aborting procedure; abort procedure	procédure d'abandon (n.f.)
about	à propos de
absolute address	adresse absolue (n.f.)
acceleration card; accelerator card; accelerator board	carte d'accélération (n.f.); carte accélératrice (n.f.)
access control	contrôle d'accès (n.m.)
access protocol	protocole d'accès (n.m.)
access time	temps d'accès (n.m.)
acoustic coupler	coupleur acoustique (n.m.)
activation	activation (n.f.)
active file	fichier actif (n.m.)
active matrix colour display	affichage couleur à matrice active (n.m.)
active matrix liquid crystal display; AMLCD	affichage à cristaux liquides à matrice active (n.m.)
active matrix screen	écran à matrice active (n.m.)
active threat	menace active (n.f.)
actual parameter	paramètre réel (n.m.)
actual value	valeur réelle (n.f.)
Ada	Ada (n.m.)

adapter	adaptateur (n.m.); carte (n.f.) [spécifique]
ADC; analog-to-digital converter	convertisseur analogique-numérique (n.m.); CAN
add-on	d'extension; complémentaire
address bus	bus d'adresse (n.m.)
address field	champ adresse (n.m.)
address register	registre d'adresse (n.m.)
advanced technology	technologie récente (n.f.); technologie de pointe (n.f.)
AI; artificial intelligence	intelligence artificielle (n.f.); IA
airborne mouse; flying mouse; 3D mouse [virtual reality]	souris volante (n.f.); souris 3D (n.f.) [réalité virtuelle]
airbrush	aérographe (n.m.)
algorithm	algorithme (n.m.)
algorithmic language	langage algorithmique (n.m.)
aliasing	crénelage (n.m.)
alphabetic code	code alphabétique (n.m.)
alphanumeric; alphameric	alphanumérique
Alpha processor	processeur Alpha (n.m.)
alpha test (n.)	premier essai (n.m.); essai alpha (n.m.)
Alt; alternate key; Alt key; AltCar key	touche Alt (n.f.); Alt; touche à double fonction (n.f.)
ALU; arithmetic and logic unit	unité arithmétique et logique (n.f.); UAL
always on top [window software]	toujours visible [logiciels à fenêtres]

American Standard Code for Information Interchange; ASCII	code ASCII (n.m.)
AMLCD; active matrix liquid crystal display	affichage à cristaux liquides à matrice active (n.m.)
analog; analogue	analogique
analog-to-digital converter; ADC	convertisseur analogique-numérique (n.m.); CAN
analogue; analog	analogique
analyst	analyste (n.é.)
ancillary; auxiliary	auxiliaire; annexe
animatronics	animation électronique (n.f.)
anti-aliasing	anticrénelage (n.m.)
anti-virus; antiviral	antivirus
AP; array processor	processeur vectoriel (n.m.)
API; Application Program Interface	interface de programme d'application (n.f.); API; interface API (n.f.)
append (n.)	annexion (n.f.); adjonction (n.f.)
application-oriented language	langage orienté application (n.m.)
application program	programme d'application (n.m.)
Application Program Interface; API	interface de programme d'application (n.f.); API; interface API (n.f.)
application software	logiciel d'application (n.m.); applicatif (n.m.) [France]
archival file; archive file	fichier d'archives (n.m.)
archival storage; archiving	archivage (n.m.)
archive file; archival file	fichier d'archives (n.m.)

3

archiving; archival storage	archivage (n.m.)
area	zone (n.f.)
arithmetic and logic unit; ALU	unité arithmétique et logique (n.f.); UAL
array processor; AP	processeur vectoriel (n.m.)
arrow key; direction key	touche flèche (n.f.); touche fléchée (n.f.); touche de directivité (n.f.); touche de direction (n.f.)
artificial intelligence; AI	intelligence artificielle (n.f.); IA
artificial reality; cyberspace; virtual reality; VR	réalité virtuelle (n.f.); RV; réalité artificielle (n.f.); cyberespace (n.m.)
artificial vision; computer vision; machine vision	visionique (n.f.); vision artificielle (n.f.); vision par ordinateur (n.f.)
NOTE Not to be confused with electronic vision.	NOTA Ne pas confondre avec vision électronique.
ASCII; American Standard Code for Information Interchange	code ASCII (n.m.)
assembler	assembleur (n.m.); programme d'assemblage (n.m.)
assertion box	pavé d'organigramme (n.m.)
associative memory; content addressable memory	mémoire associative (n.f.)
asynchronous	asynchrone
AT computer	ordinateur AT (n.m.)
audiographic conferencing	conférence audiographique (n.f.)
audit trail; security audit trail	piste de vérification (n.f.); piste de contrôle (n.f.)
audit verification	vérification à rebours (n.f.)
authentication	authentification (n.f.)

auto-answer modem	modem à réponse automatique (n.m.)
auto-dial modem	modem à sélection automatique (n.m.)
automated	automatisé
automation	automatisation (n.f.)
auxiliary; ancillary	auxiliaire; annexe
auxiliary storage; external storage	mémoire auxiliaire (n.f.); mémoire externe (n.f.)

B

back-end processor	processeur dorsal (n.m.)
background [Windows®]	arrière-plan (n.m.) [Windows®]
background [computer graphics]	tâche de fond (n.f.) [infographie]
backlit screen	écran rétroéclairé (n.m.); écran à rétroéclairage (n.m.)
backplane	fond de panier (n.m.)
backslash	oblique inverse (n.f.)
Backspace; Backspace key	touche de rappel arrière (n.f.); touche d'espacement arrière (n.f.)
backup; security copy; backup copy	copie de sécurité (n.f.); copie de sauvegarde (n.f.)
backup computer	ordinateur de reprise (n.m.)
backup copy; backup; security copy	copie de sécurité (n.f.); copie de sauvegarde (n.f.)

backup file	fichier de sauvegarde (n.m.); fichier de secours (n.m.)
balloon	bulle (n.f.)
banner	énoncé (n.m.); manchette (n.f.)
bar code (n.)	code à barres (n.m.)
BASIC (n.)	BASIC (n.m.)
basic input/output system; BIOS	BIOS; système d'entrées/sorties de base (n.m.)
batch processing	traitement par lots (n.m.)
baud rate	débit en bauds (n.m.)
BBS; Bulletin Board System; electronic BBS	tableau d'affichage électronique (n.m.); babillard électronique (n.m.) [Canada]
BCD; binary-coded decimal notation	notation décimale codée binaire (n.f.)
benchmark test; test bench; test bed	test d'évaluation des performances (n.m.); banc d'essai (n.m.)
beta test (n.)	essai pilote (n.m.); essai bêta (n.m.)
beta version; β version	version bêta (n.f.); version β (n.f.)
bilingual keyboard	clavier bilingue (n.m.)
binary code	code binaire (n.m.)
binary-coded decimal notation; BCD	notation décimale codée binaire (n.f.)
binary data	données binaires (n.f.)
binary digit; bit	bit (n.m.)
binary notation	notation binaire (n.f.)
binary search	recherche binaire (n.f.)

BIOS; basic input/output system	BIOS; système d'entrées/sorties de base (n.m.)
bit; binary digit	bit (n.m.)
bit instruction	instruction binaire (n.f.)
bit map; bmap; bit mapping	mode point (n.m.)
bit matrix	matrice binaire (n.f.)
bit rate	débit binaire (n.m.)
bits per second; BPS	bits par seconde (n.m.); BPS
bitstream	train binaire (n.m.); train numérique (n.m.)
bit string	chaîne binaire (n.f.)
bitwise	au niveau du bit
black and white display	affichage noir et blanc (n.m.)
black box	boîte noire (n.f.)
blanking; display blanking	occultation (n.f.)
blind text	transmission confidentielle (n.f.)
blob; image region	plage (n.f.); plage d'affichage (n.f.)
block length; block size	longueur de bloc (n.f.)
block-write	écriture par blocs (n.f.)
bmap; bit mapping; bit map	mode point (n.m.)
Boolean function	fonction booléenne (n.f.)
Boolean matrix	matrice booléenne (n.f.)
bootable	amorçable; de démarrage
booting up; boot-up (n.); bootstrapping	amorçage (n.m.); initialisation (n.f.)

bootstrap (n.)   amorce (n.f.)

bootstrapping; booting up; boot-up (n.)   amorçage (n.m.); initialisation (n.f.)

bottom-up design   conception ascendante (n.f.); conception de bas en haut (n.f.)

BPS; bits per second   bits par seconde (n.m.); BPS

branch instruction; jump instruction   instruction de branchement (n.f.); instruction de saut (n.f.)

breadboard construction   montage expérimental (n.m.); carte expérimentale (n.f.)

briefcase computer   ordinateur mallette (n.m.)

browsable   survolable; balayable

browse; browsing   survol (n.m.); balayage (n.m.)

browser   fonction de survol (n.f.); fonction de balayage (n.f.)

browsing; browse   survol (n.m.); balayage (n.m.)

bubblejet printer   imprimante à bulles d'encre (n.f.)

bubble memory; magnetic bubble memory; MBM   mémoire à bulles (n.f.); mémoire à bulles magnétiques (n.f.); MBM

buffer (n.)   tampon (n.m.)

buffered   tamponné; bufférisé (à éviter)

buffering   mise en tampon (n.f.); tamponnage (n.m.); bufférisation (n.f.) (à éviter)

bug   bogue (n.f.)

building automation   immotique (n.f.)

bullet [fonts]   point centré (n.m.) [polices de caractères]

Bulletin Board System; electronic BBS; BBS	tableau d'affichage électronique (n.m.); babillard électronique (n.m.) [Canada]
bundled software	logiciel fourni (n.m.); logiciel livré avec (n.m.)
burn-in (n.)	vieillissement accéléré (n.m.)
burst mode (adj.)	en rafale; en mode rafale
bus	bus (n.m.)
business graphic	graphique de gestion (n.m.)
businessware	logiciel d'affaires (n.m.)
button bar	barre de boutons (n.f.)
byte; eight-bit byte	octet (n.m.)

cache (n.); cache memory	antémémoire (n.f.); mémoire cache (n.f.)
cacheable	antémémorisable
cache memory; cache (n.)	antémémoire (n.f.); mémoire cache (n.f.)
caching	antémémorisation (n.f.); mise en antémémoire (n.f.)
CAD; computer-assisted design; computer-aided design	conception assistée par ordinateur (n.f.); CAO
CADCAM	CAO-CFAO (n.f.); CFAO (n.f.)
caddy	plateau de chargement (n.m.)

CAM; computer-assisted manufacturing; computer-aided manufacturing	fabrication assistée par ordinateur (n.f.); FAO
canned; vanilla; off-the-shelf; shrunkwrapped [software]	de série; grand public [logiciels]
CAP; computer-aided publishing	publication assistée par ordinateur (n.f.); PAO
CAP; computer-assisted presentation	présentation assistée par ordinateur (n.f.); PréAO
capital lock key; Caps Lock; Shift lock key; Caps Lock key	touche de verrouillage (n.f.); FixMaj
carpal tunnel syndrome [keyboarding]	syndrome métacarpien (n.m.) [frappe au clavier]
carriage return; CR; return	retour à la marge (n.m.); retour à la ligne (n.m.)
carrying case	housse de transport (n.f.)
cartridge reader	lecteur de cartouche (n.m.)
cascading windows	fenêtrage en cascade (n.m.)
case record; core record	fiche cadre (n.f.); fiche mère (n.f.)
cassette reader	lecteur de cassette (n.m.)
cathode-ray tube terminal; CRT terminal	terminal à écran cathodique (n.m.)
CCD; charge-coupled device	dispositif à couplage de charge (n.m.)
CD; compact disk	disque compact (n.m.); DC
CD-I; compact disk-interactive	disque compact interactif (n.m.)
CD-ROM; compact disk read-only memory	disque compact-ROM (n.m.); CD-ROM; disque compact à mémoire morte (n.m.)

CD-ROM jukebox; jukebox	jukebox de CD-ROM (n.m.); chargeur multidisque (n.m.)
cellular modem	modem cellulaire (n.m.)
central processing unit; CPU; central processor	unité centrale de traitement (n.f.); UCT
character generator	générateur de caractères (n.m.)
character pitch; pitch	pas des caractères (n.m.); pas d'impression (n.m.)
character recognition	reconnaissance de caractères (n.f.)
character set	jeu de caractères (n.m.)
characters per second; CPS	caractères par seconde (n.m.); CPS
character string	chaîne de caractères (n.f.)
charge-coupled device; CCD	dispositif à couplage de charge (n.m.)
chat mode; conversational mode; interactive mode	mode dialogué (n.m.); mode conversationnel (n.m.)
check bit	bit de contrôle (n.m.)
chip	puce (n.f.); microplaquette (n.f.)
chip card; smart card	carte à puce (n.f.)
CIM; computer-integrated manufacturing	productique (n.f.)
ciphering; encryption	chiffrement (n.m.)
circulating memory	mémoire circulante (n.f.)
CISC; complex instruction set computer	ordinateur à jeu d'instructions complexe (n.m.); ordinateur CISC (n.m.)
clic (n.)	clic (n.m.)
clic (v.)	cliquer

client-server	client-serveur
clip art	dessins pour collage (n.m.); dessins libres de droits (n.m.)
clip art library	graphotèque (n.f.)
clip board; clipboard	presse-papiers (n.m.)
clock	horloge (n.f.)
clock speed	vitesse d'horloge (n.f.); fréquence d'horloge (n.f.)
clone	clone (n.m.)
closed loop	boucle fermée (n.f.)
cluster	grappe (n.f.); groupe (n.m.)
codec; coder-decoder	codeur-décodeur (n.m.); codec (n.m.)
code conversion; transcoding	transcodage (n.m.); conversion de code (n.f.)
code element	codet (n.m.)
coder-decoder; codec	codeur-décodeur (n.m.); codec (n.m.)
coding	codage (n.m.)
cold boot; cold start	démarrage à froid (n.m.)
cold link	liaison statique (n.f.)
cold start; cold boot	démarrage à froid (n.m.)
collaborative computing; cooperative computing	informatique coopérative (n.f.)
collation	collationnement (n.m.)
colour display	affichage couleur (n.m.)
colour mapping	mappage couleur (n.m.)

colour monitor	moniteur couleur (n.m.)
colour scanner	scanner couleur (n.m.)
comb	peigne (n.m.); peigne de lecture-écriture (n.m.)
command driven	piloté par commandes; à commandes
command-line interface	interface de ligne de commande (n.f.)
compact disk; CD	disque compact (n.m.); DC
compact disk-interactive; CD-I	disque compact interactif (n.m.)
compact disk read-only memory; CD-ROM	disque compact-ROM (n.m.); CD-ROM; disque compact à mémoire morte (n.m.)
compaction	compression (n.f.)
compatibility	compatibilité (n.f.)
compiler	compilateur (n.m.); programme de compilation (n.m.)
complex instruction set computer; CISC	ordinateur à jeu d'instructions complexe (n.m.); ordinateur CISC (n.m.)
compression of data; data compression	compression de données (n.f.)
compuspeak; computerese; computer jargon	jargon informatique (n.m.)
computation	calcul (n.m.)
computational	computationnel; par ordinateur; informatisé
computer (adj.)	par ordinateur (adj.)
computer (adj.); computing (adj.)	informatique (adj.)

computer (n.)	calculateur (n.m.)
computer (n.)	ordinateur (n.m.)
computer-aided; computer-assisted	assisté par ordinateur
computer-aided animation; computer animation	animatique (n.f.); animation par ordinateur (n.f.)
computer-aided design; CAD; computer-assisted design	conception assistée par ordinateur (n.f.); CAO
computer-aided manufacturing; CAM; computer-assisted manufacturing	fabrication assistée par ordinateur (n.f.); FAO
computer-aided publishing; CAP	publication assistée par ordinateur (n.f.); PAO
computer animation; computer-aided animation	animatique (n.f.); animation par ordinateur (n.f.)
computer architecture	architecture d'ordinateur (n.f.); architecture machine (n.f.)
computer-assisted; computer-aided	assisté par ordinateur
computer-assisted design; computer-aided design; CAD	conception assistée par ordinateur (n.f.); CAO
computer-assisted manufacturing; computer-aided manufacturing; CAM	fabrication assistée par ordinateur (n.f.); FAO
computer-assisted presentation; CAP	présentation assistée par ordinateur (n.f.); PréAO
computer audit	vérification informatique (n.f.)
computer conferencing	conférence informatique (n.f.)
computer crime; computer fraud	délit informatique (n.m.); fraude informatique (n.f.)
computer disaster	sinistre informatique (n.m.)

computerese; computer jargon; compuspeak	jargon informatique (n.m.)
computer fraud; computer crime	délit informatique (n.m.); fraude informatique (n.f.)
computer gaming software; game software; gameware	ludiciel (n.m.)
computer-generated	généré par ordinateur
computer graphics	infographie (n.f.)
computer-integrated manufacturing; CIM	productique (n.f.)
computer jargon; compuspeak; computerese	jargon informatique (n.m.)
computer language; machine language	langage machine (n.m.)
computer literacy	bagage informatique (n.m.); culture informatique (n.f.); infoculture (n.f.)
computer network	réseau d'ordinateurs (n.m.); réseau informatique (n.m.)
computer-operated	commandé par ordinateur; piloté par ordinateur
computer programming	programmation des ordinateurs (n.f.); programmation informatique (n.f.)
computer science	ordinatique (n.f.)
computer security	sécurité informatique (n.f.)
computer system	système informatique (n.m.)
computer virus; virus	virus informatique (n.m.); virus (n.m.)

computer vision; machine vision; artificial vision

NOTE Not to be confused with electronic vision.

computer word

computing (adj.); computer (adj.)

computing science; informatics

concatenation

concentrator

connecting; connectivity

connection

connectivity; connecting

console operator

content addressable memory; associative memory

contention

context-free; context-independent

context-sensitive help

control (n.)

control (n.)

control character

control header

visionique (n.f.); vision artificielle (n.f.); vision par ordinateur (n.f.)

NOTA Ne pas confondre avec vision électronique.

mot machine (n.m.)

informatique (adj.)

informatique (n.f.)

concaténation (n.f.); enchaînement (n.m.); chaînage (n.m.)

concentrateur (n.m.)

connexité (n.f.); connectabilité (n.f.)

connexion (n.f.)

connexité (n.f.); connectabilité (n.f.)

pupitreur (n.m.)

mémoire associative (n.f.)

conflit (n.m.); encombrement (n.m.)

indépendant du contexte

aide contextuelle (n.f.)

commande (n.f.)

contrôle (n.m.)

caractère de commande (n.m.)

segment de contrôle de début (n.m.)

control key; Ctrl key; Ctrl	touche de service (n.f.); touche contrôle (n.f.); touche de commande (n.f.); Ctrl
control panel	panneau de commande (n.m.)
control register	compteur d'instructions (n.m.)
control trailer	segment de contrôle de fin (n.m.)
control unit	unité de commande (n.f.)
conversational mode; interactive mode; chat mode	mode dialogué (n.m.); mode conversationnel (n.m.)
convolve	convolutionner
cooperative computing; collaborative computing	informatique coopérative
cooperative multitasking	multitâche coopératif
coprocessing	cotraitement (n.m.)
coprocessor	coprocesseur (n.m.)
copy and paste	copier-coller
cordless modem; wireless modem; radio modem	modem sans fil (n.m.)
core record; case record	fiche cadre (n.f.); fiche mère (n.f.)
corrective maintenance	maintenance corrective (n.f.)
corrective maintenance; debugging	débogage (n.m.); mise au point (n.f.)
courseware; teachware; educational software; lessonware; learningware	didacticiel (n.m.)
CPS; characters per second	caractères par seconde (n.m.); CPS
CPU; central processor; central processing unit	unité centrale de traitement (n.f.); UCT

CR; return; carriage return	retour à la marge (n.m.); retour à la ligne (n.m.)
cracker	perceur de code (n.m.)
crawl (n.) [text animation]	défilement horizontal (n.m.) [animation de texte]
CRC; cyclic redundancy check	contrôle par redondance cyclique (n.m.)
credit card style memory card; memory card; flash card	carte flash (n.f.); carte à mémoire (n.f.)
crippleware	logiciel bridé (n.m.)
critical data; sensitive data	données sensibles (n.f.); données critiques (n.f.)
cross-coding	codage de détection et de correction d'erreurs (n.m.)
cross compiling	compilation croisée (n.f.)
CRT terminal; cathode-ray tube terminal	terminal à écran cathodique (n.m.)
cryptography	cryptographie (n.f.)
Ctrl; control key; Ctrl key	touche de service (n.f.); touche contrôle (n.f.); touche de commande (n.f.); Ctrl
cursive script recognition; cursive writing recognition	reconnaissance d'écriture cursive (n.f.)
cursor	curseur (n.m.)
cut and paste (n.)	coupé-collé (n.m.); découpé-collé (n.m.)
cut and paste (v.)	couper-coller; découper-coller
cybernetics	cybernétique (n.f.)

cyberspace; virtual reality; VR; artificial reality	réalité virtuelle (n.f.); RV; réalité artificielle (n.f.); cyberespace (n.m.)
cyclic redundancy check; CRC	contrôle par redondance cyclique (n.m.)

DAC; digital-to-analog converter	convertisseur numérique-analogique (n.m.); CNA
daemon; demon	programme fantôme (n.m.); démon (n.m.)
daisy-wheel printer	imprimante à marguerite (n.f.)
data	données (n.f.)
data bank; database repository	banque de données (n.f.)
database; data base; DB	base de données (n.f.)
database management system; DBMS	système de gestion de base de données (n.m.); SGBD
database repository; data bank	banque de données (n.f.)
data bus	bus de données (n.m.)
data capture; data entry	saisie de données (n.f.)
data collection	collecte de données (n.f.)
data communication	communication de données (n.f.)
data compression; compression of data	compression de données (n.f.)
data density; recording density; packing density	densité d'enregistrement (n.f.)

data description language; DDL	langage de description de données (n.m.)
data entry; data capture	saisie de données (n.f.)
data fax modem; fax modem	modem télécopieur (n.m.); modem-fax (n.m.)
data glove [virtual reality]	gant numérique (n.m.); gant électronique (n.m.); gant de données (n.m.) [réalité virtuelle]
data handling	manipulation de données (n.f.)
data highway; info highway; information highway; information freeway; information superhighway; electronic highway	autoroute informatique (n.f.); autoroute électronique (n.f.)
data integrity	intégrité des données (n.f.)
data loss; loss of data	perte de données (n.f.)
data management	gestion de données (n.f.)
data medium; medium	support d'information (n.m.)
data organization	organisation des données (n.f.)
data processing; DP	traitement de données (n.m.)
data representation	représentation des données (n.f.)
data security	sécurité des données (n.f.)
data segment	segment de données (n.m.)
data suit [virtual reality]	costume numérique (n.m.); costume de données (n.m.); combinaison électronique (n.f.) [réalité virtuelle]
data transmission	transmission de données (n.f.)
dataware	logiciel de données (n.m.)
daughterboard	carte-fille (n.f.)

DB; database; data base	base de données (n.f.)
DBMS; database management system	système de gestion de base de données (n.m.); SGBD
DDB; distributed data base	base de données réparties (n.f.)
DDE; Dynamic Data Exchange	échange dynamique de données (n.m.)
DDL; data description language	langage de description de données (n.m.)
DDP; distributed data processing; distributed processing; distributed computing	informatique répartie (n.f.)
dead key; non-escaping key	touche morte (n.f.)
deadlock	verrouillage cul-de-sac (n.m.); impasse (n.f.)
deallocate	libérer; désaffecter
debug	déboguer; mettre au point
debugging; corrective maintenance	débogage (n.m.); mise au point (n.f.)
decimal notation	notation décimale (n.f.)
decision table	table de décision (n.f.)
declarative language; nonprocedural language; non-procedure-oriented language	langage non procédural (n.m.)
declutter; decluttering	désencombrement (n.m.); nettoyage (n.m.)
decrement (n.)	décrément (n.m.)
decrement (v.)	décrémenter
decremental	décrémentiel
decryption	déchiffrement (n.m.)

dedicated	spécialisé; réservé
default assignment	affectation implicite (n.f.)
default option	option implicite (n.f.); option par défaut (n.f.)
default value	valeur implicite (n.f.)
defragmentation; defrag	défragmentation (n.f.)
Delete; Delete key	touche effacement (n.f.); effacement (n.m.)
delete (v.); trash (v.)	effacer; annuler
Delete key; Delete	touche effacement (n.f.); effacement (n.m.)
delete protection	protection anti-effacement (n.f.)
demon; daemon	programme fantôme (n.m.); démon (n.m.)
demoware	logiciel de démonstration (n.m.)
denormalize	dénormaliser
descriptor	descripteur (n.m.)
deserializer; staticizer; serial-to-parallel converter	convertisseur série/parallèle (n.m.)
deskside; upright; tower	tour (n.f.); châssis vertical (n.m.)
desktop computer; desktop	ordinateur de bureau (n.m.); ordinateur de table (n.m.)
desktop publishing	éditique (n.f.); micro-édition (n.f.)
destructive reading; destructive readout; DRO	lecture destructive (n.f.); lecture avec effacement (n.f.)
detachable keyboard; removable keyboard	clavier amovible (n.m.)
device driver	pilote de périphérique (n.m.)

diagnostic programme	programme de diagnostic (n.m.)
dial-up modem; switched modem	modem commuté (n.m.)
digital	numérique; digital (à éviter)
digital optical disk; optical digital disk	disque optique numérique (n.m.); DON
digital sorting; radix sorting; pocket sorting	tri numérique (n.m.)
digital-to-analog converter; DAC	convertisseur numérique-analogique (n.m.); CNA
digital video computing	informatique vidéo numérique (n.f.)
digital video interactive; DVI	vidéo numérique interactive (n.f.)
digitize	numériser
digitizer	numériseur (n.m.)
direct addressing	adressage direct (n.m.)
directed-beam scan	balayage cavalier (n.m.)
direction key; arrow key	touche flèche (n.f.); touche fléchée (n.f.); touche de directivité (n.f.); touche de direction (n.f.)
direct memory access; DMA	accès direct à la mémoire (n.m.)
directory	répertoire (n.m.)
directory	annuaire (n.m.)
disk	disque (n.m.)
disk controller	contrôleur de disques (n.m.)
disk drive	dispositif d'entraînement de disque (n.m.); entraînement de disque (n.m.)

diskette; flexible disk; floppy disk; floppy	disquette (n.f.); disque souple (n.m.)
disk mirroring; mirroring	miroitage (n.m.); miroitage disque (n.m.); écriture miroir (n.f.)
disk operating system; DOS	système d'exploitation à disques (n.m.); DOS
disk pack	chargeur (n.m.)
disk striping; striping [disk]	entrelacement (n.m.) [disque]
disk unit	unité de disque (n.f.)
display (n.)	visualisation (n.f.); affichage (n.m.)
display blanking; blanking	occultation (n.f.)
display card	carte d'affichage (n.f.)
display device	visuel (n.m.); afficheur (n.m.)
distance learning	téléenseignement (n.m.)
distributed computing; DDP; distributed data processing; distributed processing	informatique répartie (n.f.)
distributed data base; DDB	base de données réparties (n.f.)
distributed data processing; distributed processing; distributed computing; DDP	informatique répartie (n.f.)
dithering	juxtaposition (n.f.)
DMA; direct memory access	accès direct à la mémoire (n.m.)
dockable	ancrable
docking station; expansion unit	station d'accueil (n.f.); station d'ancrage (n.f.)
Document Oriented Interface; DOI	interface orientée document (n.f.)

DOS; disk operating system	système d'exploitation à disques (n.m.); DOS
DOS Protected Mode Interface; DPMI	interface en mode protégé DOS (n.f.)
DOS-SHELL	DOS-SHELL (n.m.)
dot matrix	matrice de points (n.f.)
dot matrix printer; matrix printer; dot printer	imprimante par points (n.f.); imprimante matricielle (n.f.)
dot pitch; pitch [pixels]	pas (n.m.); espacement (n.m.); pas de masque (n.m.) [pixels]
dot printer; dot matrix printer; matrix printer	imprimante par points (n.f.); imprimante matricielle (n.f.)
Dots Per Inch; DPI	points par pouce (n.m.); DPI
double click (n.)	double cliquage (n.m.); cliquage double (n.m.); double clic (n.m.)
double click (v.)	cliquer deux fois; double cliquer (à éviter)
double scan; dual scan	balayage double (n.m.); double balayage (n.m.)
Double Sided/Double Density; DS/DD	Double Face, Double Densité; DFDD
Double Sided/High Density; DS/HD	Double Face, Haute Densité; DFHD
Double Sided/Single Density; DS/SD	Double Face, Simple Densité; DFSD
double space memory	mémoire double espace (n.f.)
double supertwisted nematic; DSTN; double supertwist nematic	nématique en double hélice; nématique à double torsadage
doublet; two-bit byte	doublet (n.m.)
downloading	téléchargement aval (n.m.)

downsizing	compactage (n.m.); réduction (n.f.)
downward compatibility	compatibilité descendante (n.f.); compatibilité avale (n.f.)
DP; data processing	traitement de données (n.m.)
DPI; Dots Per Inch	points par pouce (n.m.); DPI
DPMI; DOS Protected Mode Interface	interface en mode protégé DOS (n.f.)
draft mode; draft quality	qualité brouillon
drag and copy	glisser-copier
drag and drop	glisser-déposer; tirer/lâcher
driver	pilote (n.m.)
DRO; destructive reading; destructive readout	lecture destructive (n.f.); lecture avec effacement (n.f.)
DS/DD; Double Sided/Double Density	Double Face, Double Densité; DFDD
DS/HD; Double Sided/High Density	Double Face, Haute Densité; DFHD
DS/SD; Double Sided/Single Density	Double Face, Simple Densité; DFSD
DSTN; double supertwist nematic; double supertwisted nematic	nématique en double hélice; nématique à double torsadage
dual scan; double scan	balayage double (n.m.); double balayage (n.m.)
dual scan passive matrix	matrice passive à double balayage (n.f.)
dump (v.); flush (v.) [memory]	clicher; vider [mémoire]
duplexing	duplexage (n.m.)
duty cycle	temps de mise sous tension (n.m.)

duty cycle	pourcentage d'utilisation (n.m.)
DVI; digital video interactive	vidéo numérique interactive (n.f.)
Dynamic Data Exchange; DDE	échange dynamique de données (n.m.)
dynamic link; hot link	liaison dynamique (n.f.)
dynamic storage	mémoire dynamique (n.f.)

E

EBCDIC; extended binary-coded decimal interchange code	code EBCDIC (n.m.)
ECC; error-correcting code; error correction code	code correcteur d'erreurs (n.m.)
EDC; error-detecting code; self-checking code; error-detection code	code détecteur d'erreurs (n.m.)
edgelit screen; sidelit screen	écran éclairé latéralement (n.m.); écran à éclairage périphérique (n.m.)
EDI; Electronic Data Interchange	Échange de Données Informatisé; EDI
EDIFACT; Electronic Data Interchange for Administration, Commerce and Transport	EDIFACT; Échange de données informatisé pour l'administration, le commerce et les transports
editing; text editing	édition de texte (n.f.); édition (n.f.)
educational software; lessonware; learningware; courseware; teachware	didacticiel (n.m.)
edutainment software	didacticiel récréatif (n.m.)

EEPROM; electrically erasable programmable read-only memory

mémoire morte programmable effaçable électriquement (n.f.); mémoire EEPROM (n.f.)

EEROM; electrically erasable read-only memory

mémoire morte effaçable électriquement (n.f.); mémoire EEROM (n.f.)

EFT; electronic funds transfer

transfert électronique de fonds (n.m.); TÉF

eight-bit byte; byte

octet (n.m.)

EISA; Extended Industry Standard Architecture

norme EISA (n.f.)

electrically erasable programmable read-only memory; EEPROM

mémoire morte programmable effaçable électriquement (n.f.); mémoire EEPROM (n.f.)

electrically erasable read-only memory; EEROM

mémoire morte effaçable électriquement (n.f.); mémoire EEROM (n.f.)

electrically programmable read-only memory; EPROM

mémoire morte programmable électriquement (n.f.); mémoire EPROM (n.f.)

electromagnetic display digitizer

numériseur d'affichage électromagnétique (n.m.)

electronic BBS; BBS; Bulletin Board System

tableau d'affichage électronique (n.m.); babillard électronique (n.m.) [Canada]

Electronic Data Interchange; EDI

Échange de Données Informatisé; EDI

Electronic Data Interchange for Administration, Commerce and Transport; EDIFACT

EDIFACT; Échange de données informatisé pour l'administration, le commerce et les transports

electronic funds transfer; EFT

transfert électronique de fonds (n.m.); TÉF

electronic highway; data highway; info highway; information highway; information freeway; information superhighway	autoroute informatique (n.f.); autoroute électronique (n.f.)
electronic mail; E-mail; EMail	courrier électronique (n.m.); CÉ
electronic messaging	messagerie électronique (n.f.)
electronic organizer; organizer	agenda électronique (n.m.); organiseur (n.m.)
electronic signature	signature électronique (n.f.)
electronic virus	virus électronique (n.m.)
electronic vision NOTE Not to be confused with computer vision.	vision électronique (n.f.) NOTA Ne pas confondre avec visionique.
electrostatic storage	mémoire électrostatique (n.f.)
elevator; scroll box; vertical scroll box; slider box	ascenseur (n.m.); curseur vertical (n.m.); boîte de défilement vertical (n.f.)
E-mail; EMail; electronic mail	courrier électronique (n.m.); CÉ
embedded command; imbedded command	commande intégrée (n.f.)
emerging technology	technologie naissante (n.f.)
EMS; Expanded Memory Specifications	norme EMS (n.f.); EMS
emulation board	carte d'émulation (n.f.)
enabling software; operating software	logiciel d'exploitation (n.m.)
enabling technology	technologie habilitante (n.f.); technologie de mise en service (n.f.)
encoding	encodage (n.m.)

encryption; ciphering	chiffrement (n.m.)
end-of-file label; trailer label	label fin (n.m.); label de fin de fichier (n.m.)
end user	utilisateur final (n.m.)
energy smart	économiseur d'énergie
enhanced	amélioré
Enhanced Small Device Interface; ESDI	interface ESDI (n.f.)
Enhanced Video Graphics Array; EVGA	norme EVGA (n.f.)
enhancer	dispositif d'amélioration (n.m.)
enqueue (v.)	mettre en file d'attente
Enter key; Enter	touche Entrée (n.f.); Entrée (n.f.)
environment world view; world view	vision du monde (n.f.)
EPROM; electrically programmable read-only memory	mémoire morte programmable électriquement (n.f.); mémoire EPROM (n.f.)
erasable memory	mémoire effaçable (n.f.)
erasable optical disk; recordable optical disk; rewritable optical disk	disque optique réinscriptible (n.m.)
error-correcting code; error correction code; ECC	code correcteur d'erreurs (n.m.)
error-detecting code; self-checking code; error-detection code; EDC	code détecteur d'erreurs (n.m.)
error detection	détection d'erreurs (n.f.)
error-detection code; EDC; error-detecting code; self-checking code	code détecteur d'erreurs (n.m.)

error rate	taux d'erreurs (n.m.)
ES; expert system	système expert (n.m.); SE
Esc; escape key; Esc Key	Échappement (n.m.); touche d'échappement (n.f.)
ESDI; Enhanced Small Device Interface	interface ESDI (n.f.)
etherarchical	éthérarchique
even parity	parité paire (n.f.)
EVGA; Enhanced Video Graphics Array	norme EVGA (n.f.)
execution time; running time; run time; turnaround time	temps d'exécution (n.m.)
exit; quit	sortie (n.f.)
expanded memory	mémoire d'expansion (n.f.)
Expanded Memory Specifications; EMS	norme EMS (n.f.); EMS
expansion slot	emplacement de carte (n.m.); fente d'extension (n.f.); connecteur d'extension (n.m.)
expansion unit; docking station	station d'accueil (n.f.); station d'ancrage (n.f.)
expert system; ES	système expert (n.m.); SE
extended binary-coded decimal interchange code; EBCDIC	code EBCDIC (n.m.)
extended character set	jeu de caractères étendu (n.m.)
Extended Graphics Array; XGA	norme XGA (n.f.)
Extended Industry Standard Architecture; EISA	norme EISA (n.f.)
extended keyboard	clavier étendu (n.m.)

extended memory	mémoire d'extension (n.f.)
extension	extension (n.f.)
external storage; auxiliary storage	mémoire auxiliaire (n.f.); mémoire externe (n.f.)
eyestrain [display screens]	fatigue oculaire (n.f.) [écrans d'affichage]

F

facility management	infogérance (n.f.); gérance informatique (n.f.)
facsimile; fax; telefax	télécopie (n.f.); fac-similé (n.m.); fax (n.m.)
facsimile machine; telecopier; fax machine; fax	télécopieur (n.m.); fax (n.m.)
factory-installed; hot-loaded	pré-chargé
failsafe	à sécurité intégrée
failsoft; fail soft; graceful degradation	en mode dégradé
failure	défaillance (n.f.)
failure recovery	reprise sur défaillance (n.f.)
fallback	repli (n.m.)
fanfold paper; zig-zag folding paper	papier à pliage accordéon (n.m.)
fan-in	entrance (n.f.)
fan-out	sortance (n.f.)

FAT; file allocation table	table d'allocation de fichier (n.f.); TAF
fatal error	erreur fatale (n.f.)
fault tolerance; resilience	tolérance aux pannes (n.f.); résilience (n.f.)
fax; facsimile machine; telecopier; fax machine	télécopieur (n.m.); fax (n.m.)
fax; telefax; facsimile	télécopie (n.f.); fac-similé (n.m.); fax (n.m.)
fax (v.)	télécopier; faxer
FaxBack®	FaxBack®
fax machine; fax; facsimile machine; telecopier	télécopieur (n.m.); fax (n.m.)
Faxmail [Canada Post]	service Facsimilé (n.m.) [Société canadienne des postes]
fax modem; data fax modem	modem télécopieur (n.m.); modem-fax (n.m.)
FDD; floppy disk drive	lecteur de disquette (n.m.)
FELCD; ferro-electric liquid crystal display; FLCD	affichage à cristaux liquides ferro-électriques (n.m.); ACL ferro-électriques (n.m.)
FIFO; first in, first out	premier entré, premier sorti
file (n.)	fichier (n.m.)
file allocation	allocation de fichiers (n.f.)
file allocation table; FAT	table d'allocation de fichier (n.f.); TAF
file name	indicatif de fichier (n.m.); nom de fichier (n.m.)
file system; FS	système de fichier (n.m.)

file transfer	transfert de fichier (n.m.)
firmware; FW	microprogramme (n.m.)
first in, first out; FIFO	premier entré, premier sorti
five-bit byte; quintet	quintet (n.m.)
flag; sentinel	drapeau (n.m.)
flash card; credit card style memory card; memory card	carte flash (n.f.); carte à mémoire (n.f.)
flash memory	mémoire flash (n.f.)
flat screen	écran plat (n.m.)
FLCD; FELCD; ferro-electric liquid crystal display	affichage à cristaux liquides ferro-électriques (n.m.); ACL ferro-électrique (n.m.)
flexible disk; floppy disk; floppy; diskette	disquette (n.f.); disque souple (n.m.)
flip-flop	bascule (n.f.)
flip screen	commutation vidéo (n.f.)
floating pallet	palette flottante (n.f.)
floating point; FP	virgule flottante (n.f.)
floppy; diskette; flexible disk; floppy disk	disquette (n.f.); disque souple (n.m.)
floppy disk drive; FDD	lecteur de disquette (n.m.)
floptical disk; floptical (n.)	disquette optique (n.f.)
flowchart (n.)	organigramme (n.m.)
flush (n.); justification	justification (n.f.)
flush (v.); dump (v.) [memory]	clicher; vider [mémoire]
flying head	tête flottante (n.f.)

flying mouse; 3D mouse; airborne mouse [virtual reality]	souris volante (n.f.); souris 3D (n.f.) [réalité virtuelle]
font; type font	police de caractères (n.f.); police (n.f.)
foreground	avant-plan (n.m.)
formatting	formatage (n.m.); formattage (n.m.)
form feed	alimentation en papier (n.f.)
four-bit byte; nibble; quartet	quartet (n.m.)
fox message	message d'essai (n.m.)
FP; floating point	virgule flottante (n.f.)
fractal	fractale (n.f.)
freeware; public domain software	gratuiciel (n.m.); logiciel public (n.m.); logiciel sans droits d'auteur (n.m.)
front-end processor	processeur frontal (n.m.)
FS; file system	système de fichier (n.m.)
full-duplex	duplex intégral
function key	touche de fonction (n.f.)
fuzzy logic	logique floue (n.f.)
FW; firmware	microprogramme (n.m.)

game software; gameware; computer gaming software	ludiciel (n.m.)

garbage byte	octet pollué (n.m.)
gas plasma screen; plasma screen	écran à plasma (n.m.); écran au plasma (n.m.)
gate	porte (n.f.)
gateway	passerelle (n.f.)
Gb; gigabit	gigabit (n.m.); Gbit
GB; gigabyte	gigaoctet (n.m.); Go
genlock; genlocking	synchronisation (n.f.)
geomatics	géomatique (n.f.)
gestural command; gesture command	commande gestuelle (n.f.)
G-flop; gigaflop	gigaflop (n.m.); Gflop
ghost cursor; shadow cursor; scale cursor	curseur repère (n.m.); curseur d'échelle (n.m.)
ghosting	image fantôme (n.f.)
gigabit; Gb	gigabit (n.m.); Gbit
gigabyte; GB	gigaoctet (n.m.); Go
gigaflop; G-flop	gigaflop (n.m.); Gflop
global character; joker; wildcard; wildcard character	métacaractère (n.m.); caractère de remplacement (n.m.); joker (n.m.)
global search	recherche globale (n.f.)
GO TO [programming]	GO TO [programmation]
GO TO [window software]	Atteindre [logiciels à fenêtres]
graceful degradation; failsoft; fail soft	en mode dégradé
grammar checker	correcteur grammatical (n.m.)

graphical editing screen	écran d'édition graphique (n.m.)
graphic editor	grapheur (n.m.); éditeur graphique (n.m.)
graphics card	carte graphique (n.f.)
graphics software	logiciel graphique (n.m.); graphiciel (n.m.)
graphics tablet	tablette graphique (n.f.)
Graphics User Interface; GUI	interface utilisateur graphique (n.f.); IUG
gray scale; grey scale	échelle de gris (n.f.); gamme de gris (n.f.)
green computer; recyclable computer	ordinateur recyclable (n.m.); ordinateur écologique (n.m.); ordinateur vert (n.m.)
grey scale; gray scale	échelle de gris (n.f.); gamme de gris (n.f.)
groupware	logiciel de groupe (n.m.); collecticiel (n.m.)
GUI; Graphics User Interface	interface utilisateur graphique (n.f.); IUG

HA; house automation; home automation	domotique (n.f.)
hacker	mordu de l'informatique (n.m.); bidouilleur (n.m.) [jargon]
hacker	pirate informatique (n.m.)
half-duplex	semi-duplex

handheld computer; palmtop computer; palmsize computer	ordinateur à main (n.m.)
handheld scanner; hand scanner	scanner à main (n.m.)
hands-free	mains libres
handshake; handshaking	établissement d'une liaison (n.m.)
hands-on training	formation pratique (n.f.)
handwriting recognition	reconnaissance de l'écriture manuscrite (n.f.)
hard copy	copie papier (n.f.); imprimé (n.m.)
hard disk	disque dur (n.m.); disque rigide (n.m.) (à éviter)
hard disk drive; HDD	unité de disque dur (n.f.)
hard error; solid error; permanent error	erreur permanente (n.f.); erreur persistante (n.f.)
hard sectoring	sectorisation matérielle (n.f.)
hardware	matériel (n.m.)
hard-wired	précâblé
hash coding; hashing	adressage calculé (n.m.)
HDD; hard disk drive	unité de disque dur (n.f.)
head crash	écrasement de tête (n.m.)
help	aide (n.f.); assistance (n.f.)
help balloon	bulle d'aide (n.f.)
heterarchical	hétérarchique
hexadecimal notation	notation hexadécimale (n.f.)
hidden file	fichier caché (n.m.)
hierarchical	hiérarchique

high contrast	contraste élevé
high density	haute densité
high-level language; HLL	langage évolué (n.m.)
highlighter bar	barre de surbrillance (n.f.); barre de mise en évidence (n.f.)
high res; high-resolution	haute résolution
history file; history log	fichier historique (n.m.)
HLL; high-level language	langage évolué (n.m.)
HLS; Hue-Light-Saturation	teinte-luminosité-saturation (n.f.); TLS
hologram	hologramme (n.m.)
holographic	holographique
holography	holographie (n.f.)
Home; Home Key	touche position 1 (n.f.); touche début d'écran (n.f.)
home automation; HA; house automation	domotique (n.f.)
Home Key; Home	touche position 1 (n.f.); touche début d'écran (n.f.)
homeware	logiciel domestique (n.m.)
host (n.); host computer	hôte (n.m.); ordinateur central (n.m.)
hosting	hébergement (n.m.)
hot fix	réparation à chaud (n.f.)
hot key; keyboard shortcut	touche directe (n.f.); raccourci clavier (n.m.)
hot key from app to app (v.) [computerese]	changer d'application par touche directe

hot line	ligne directe (n.f.); ligne de dépannage (n.f.)
hot link; dynamic link	liaison dynamique (n.f.)
hot-loaded; factory-installed	pré-chargé
hot start; warm boot; warm start	démarrage à chaud (n.m.)
hot swap; quick swap [battery]	changement rapide (n.m.) [accumulateur]
house automation; home automation; HA	domotique (n.f.)
housekeeping operations	opérations de gestion interne (n.f.)
Hue-Light-Saturation; HLS	teinte-luminosité-saturation (n.f.); TLS
hybrid computer	ordinateur hybride (n.m.)
hypercube	hypercube (n.m.)
hypermedia	hypermédia (n.m.)
hypertext	hypertexte (n.m.)

ICC; integrated circuit card	carte à circuits intégrés (n.f.)
icon; pictograph	icône (n.f.); icone (n.m.); pictogramme (n.m.)
iconize; stow; shrink	iconiser
identifier	identificateur (n.m.); identifiant (n.m.)
idle time	temps mort (n.m.)

IFF; interchange file format	format de fichier d'échange (n.m.)
illegal character	caractère interdit (n.m.)
image programming software	logiciel de traitement d'image (n.m.)
image region; blob	plage (n.f.); plage d'affichage (n.f.)
image synthesizer	synthétiseur d'image (n.m.)
imaging	imagerie (n.f.)
imbedded command; embedded command	commande intégrée (n.f.)
impact printer	imprimante à impact (n.f.); imprimante à percussion (n.f.)
imperative language; procedural language; procedure-oriented language	langage procédural (n.m.)
implement	implanter
implement	implémenter
implementation	mise en oeuvre (n.f.)
in-basket [electronic mail]	corbeille d'arrivée (n.f.) [courrier électronique]
in-betweening; tweening [computer graphics]	interpolation (n.f.); calcul de formes intermédiaires (n.m.) [infographie]
increment (n.)	incrément (n.m.)
increment (v.)	incrémenter
incremental	incrémentiel
indentation	décalage (n.m.)
index (n.)	index (n.m.)

index hole	trou d'index (n.m.)
indexing	indexation (n.f.)
Industry-Standard Architecture; ISA	norme ISA (n.f.)
info highway; information highway; information freeway; information superhighway; electronic highway; data highway	autoroute informatique (n.f.); autoroute électronique (n.f.)
informatics; computing science	informatique (n.f.)
information highway; information freeway; information superhighway; electronic highway; data highway; info highway	autoroute informatique (n.f.); autoroute électronique (n.f.)
information processing	traitement de l'information (n.m.); TI
information superhighway; electronic highway; data highway; info highway; information highway; information freeway	autoroute informatique (n.f.); autoroute électronique (n.f.)
information technology; IT	technologie de l'information (n.f.); TI
infotainment software	logiciel d'information récréative (n.m.)
infrared mouse	souris infrarouge (n.f.)
in-house software	logiciel maison (n.m.)
initialization	initialisation (n.f.)
injective mapping; one-to-one mapping	injection (n.f.); application injective (n.f.)
ink-jet printer	imprimante à jet d'encre (n.f.)
input device	unité d'entrée (n.f.)
input/output; I/O	entrée/sortie (n.f.); E/S

input station	poste de saisie (n.m.)
input stream; run stream; job stream; job queue	file de travaux (n.f.); flot de travaux (n.m.); train de travaux (n.m.)
insert (n.)	insertion (n.f.)
install	installer
instruction set	jeu d'instructions (n.m.)
integer	entier (n.m.); entier relatif (n.m.)
integrated circuit; jelly bean [computerese]	circuit intégré (n.m.)
integrated circuit card; ICC	carte à circuits intégrés (n.f.)
integrated software	logiciel intégré (n.m.)
integrity check	contrôle d'intégrité (n.m.)
intelligent tutoring system; ITS	enseignement intelligemment assisté par ordinateur (n.m.); EIAO
intensive [as in memory intensive, etc.]	exigeant [en mémoire, etc.]
interactive mode; chat mode; conversational mode	mode dialogué (n.m.); mode conversationnel (n.m.)
interchange	échange (n.m.)
interchange file format; IFF	format de fichier d'échange (n.m.)
interconnection	interconnexion (n.f.)
interface (n.)	interface (n.f.)
interface (v.)	interfacer
interim release; pre-release [software]	préversion [logiciels]
interlace (n.) [screen]	entrelacement (n.m.) [écran]

interlock (n.)	interverrouillage (n.m.)
internetworking; internetting	inter-réseautage (n.m.); interconnexion de réseaux (n.f.)
interoperability	interopérabilité (n.f.)
interpreter	interpréteur (n.m.); programme d'interprétation (n.m.)
interrupt (n.)	interruption (n.f.)
invalid	incorrect; erroné; invalide
inverse video; reverse video	vidéo inversée (n.f.); affichage en négatif (n.m.)
inverted file	fichier inversé (n.m.)
I/O; input/output	entrée/sortie (n.f.); E/S
ISA; Industry-Standard Architecture	norme ISA (n.f.)
IT; information technology	technologie de l'information (n.f.); TI
iteration loop	boucle d'itération (n.f.)
ITS; intelligent tutoring system	enseignement intelligemment assisté par ordinateur (n.m.); EIAO

J

JCL; job-control language	langage de contrôle de travaux (n.m.)
jelly bean [computerese]; integrated circuit	circuit intégré (n.m.)
jellyware; liveware; peopleware	personnel informatique (n.m.)

jitter [computer graphics]	gigue (n.f.) [infographie]
job-control language; JCL	langage de contrôle de travaux (n.m.)
job queue; input stream; run stream; job stream	file de travaux (n.f.); flot de travaux (n.m.); train de travaux (n.m.)
joker; wildcard; wildcard character; global character	métacaractère (n.m.); caractère de remplacement (n.m.); joker (n.m.)
joystick	manche à balai (n.m.); manette de jeu (n.f.); manche (n.m.)
jukebox; CD-ROM jukebox	jukebox de CD-ROM (n.m.); chargeur multidisque (n.m.)
jump instruction; branch instruction	instruction de branchement (n.f.); instruction de saut (n.f.)
justification; flush (n.)	justification (n.f.)

Kb; kilobit	kilobit (n.m.); kbit
KB; kilobyte; Kbyte	kilo-octet (n.m.); ko
KBS; knowledge-based system	système basé sur la connaissance (n.m.); système à base de connaissances (n.m.)
Kbyte; KB; kilobyte	kilo-octet (n.m.); ko
kernel; kernal	noyau (n.m.); coeur (n.m.)
kerning [characters]	crénage (n.m.) [caractères]
ketchupware [computerese]	logiciel qui tarde à sortir (n.m.)
keyboard (n.)	clavier (n.m.)

45

keyboarding	frappe (n.f.); saisie (n.f.)
keyboardless computer	ordinateur sans clavier (n.m.)
keyboard overlay; overlay (n.)	cache (n.m.); cache de clavier (n.m.)
keyboard shortcut; hot key	touche directe (n.f.); raccourci clavier (n.m.)
keyboard template; template	légende de clavier (n.f.); grille de clavier (n.f.); gabarit (n.m.)
keypad; numeric keypad; numeric pad	clavier numérique (n.m.); pavé numérique (n.m.)
keyword	mot clé (n.m.)
kilobit; Kb	kilobit (n.m.); kbit
kilobyte; Kbyte; KB	kilo-octet (n.m.); ko
kiosk	borne interactive (n.f.)
knowledge-based system; KBS	système basé sur la connaissance (n.m.); système à base de connaissances (n.m.)
knowledge engineer	cogniticien (n.m.)
knowledge engineering	génie cognitif (n.m.); cognitique (n.f.)
knowledgeware	cogniticiel (n.m.)

label (n.); tag (n.)	étiquette (n.f.); label (n.m.)
LAN; local network; local area network	réseau local (n.m.); RL

laptop; laptop computer	ordinateur portatif (n.m.); portatif (n.m.)
large-scale integration; LSI	intégration à grande échelle (n.f.); LSI
laser disk	disque laser (n.m.)
Lasermail [Canada Post]	Poste-Lettre (n.f.) [Société canadienne des postes]
laser printer	imprimante laser (n.f.); imprimante à laser (n.f.)
laser videodisc	vidéodisque laser (n.m.)
last in, first out; LIFO	dernier entré, premier sorti (n.m.)
latency; waiting time	temps d'attente (n.m.)
layered architecture	architecture en couches (n.f.)
LCD screen; liquid crystal display screen	écran ACL (n.m.); écran à affichage à cristaux liquides (n.m.)
learningware; courseware; teachware; educational software; lessonware	didacticiel (n.m.)
least significant bit; LSB	bit de poids faible (n.m.)
lessonware; learningware; courseware; teachware; educational software	didacticiel (n.m.)
letterform	alphabétiforme
letter quality	qualité courrier
LF; line feed	changement de ligne (n.m.); avance de ligne (n.f.)
licensed user [software]	utilisateur autorisé (n.m.) [logiciels]
life cycle	cycle de vie (n.m.)

LIFO; last in, first out

dernier entré, premier sorti (n.m.)

light pen; light sensor; pen

photostyle (n.m.); crayon lecteur (n.m.); stylet (n.m.)

Li-Ion battery; Lithium-Ion battery

accumulateur aux ions de lithium (n.m.)

linear programming

programmation linéaire (n.f.)

line feed; LF

changement de ligne (n.m.); avance de ligne (n.f.)

link editor; linkage editor

éditeur de liens (n.m.)

linking

liaison (n.f.); enchaînement (n.m.)

link word

mot de chaînage (n.m.)

liquid crystal display screen; LCD screen

écran ACL (n.m.); écran à affichage à cristaux liquides (n.m.)

listing; list (n.)

listage (n.m.)

Lithium-Ion battery; Li-Ion battery

accumulateur aux ions de lithium (n.m.)

liveware; peopleware; jellyware

personnel informatique (n.m.)

LLL; low-level language

langage de bas niveau (n.m.)

loader

chargeur (n.m.); programme de chargement (n.m.)

local area network; LAN; local network

réseau local (n.m.); RL

local bus

bus local (n.m.)

local bus video

vidéo bus local (n.f.)

local network; local area network; LAN

réseau local (n.m.); RL

log (n.)

journal (n.m.)

logging-in; log-in (n.); logging-on; log-on (n.)	ouverture de session (n.f.)
logging-off; log-off (n.); logging-out; log-out (n.)	fermeture de session (n.f.)
logging-on; log-on (n.); logging-in; log-in (n.)	ouverture de session (n.f.)
logging-out; log-out (n.); logging-off; log-off (n.)	fermeture de session (n.f.)
logical record	enregistrement logique (n.m.)
logic bomb; soft bomb	bombe logique (n.f.)
logic instruction	instruction logique (n.f.)
log-in (n.); logging-on; log-on (n.); logging-in	ouverture de session (n.f.)
log-off (n.); logging-out; log-out (n.); logging-off	fermeture de session (n.f.)
log-on (n.); logging-in; log-in (n.); logging-on	ouverture de session (n.f.)
log-out (n.); logging-off; log-off (n.); logging-out	fermeture de session (n.f.)
look and feel	apparence et confort d'utilisation
lookup (n.)	consultation (n.f.); recherche (n.f.)
loop (n.)	boucle (n.f.)
loss of data; data loss	perte de données (n.f.)
low-density [disks]	à faible densité [disques]
lowercase	bas de casse; minuscules
low-level language; LLL	langage de bas niveau (n.m.)
LPT port; parallel port; P/P port	port parallèle (n.m.)
LSB; least significant bit	bit de poids faible (n.m.)

LSI; large-scale integration

luggable computer; lunchbox computer; transportable computer

intégration à grande échelle (n.f.); LSI

ordinateur transportable (n.m.); ordinateur valise (n.m.)

machine language; computer language

langage machine (n.m.)

machine learning

apprentissage automatique (n.m.)

machine-readable

lisible par machine

machine vision; artificial vision; computer vision
NOTE Not to be confused with electronic vision.

visionique (n.f.); vision artificielle (n.f.); vision par ordinateur (n.f.)
NOTA Ne pas confondre avec vision électronique.

macroinstruction

macroinstruction (n.f.)

magnetic bubble memory; MBM; bubble memory

mémoire à bulles (n.f.); mémoire à bulles magnétiques (n.f.); MBM

magnetic disk unit; MDU

unité de disque magnétique (n.f.)

magnetic memory

mémoire magnétique (n.f.)

magnetic tape; MT

bande magnétique (n.f.); BM

magnetic tape certifier

certifieur de bande magnétique (n.m.)

magnetic tape unit; MTU

dérouleur de bande magnétique (n.m.)

magneto-optical; MO

magnéto-optique

mailbox

boîte aux lettres (n.f.)

main file; master file	fichier maître (n.m.); fichier de base (n.m.)
main frame; mainframe computer	ordinateur central (n.m.)
main memory	mémoire centrale (n.f.)
main menu	menu principal (n.m.)
main storage	stockage central (n.m.)
main stream; mainstream	grand public
maintainability	maintenabilité (n.f.)
majority operation	opération majoritaire (n.f.)
manager	gestionnaire (n.m.)
manual loading; manloading	chargement manuel (n.m.)
map (n.); memory map; mapping	mappe (n.f.); topographie mémoire (n.f.)
mapping (adj.)	mappé
mapping (n.)	mappage (n.m.)
mapping (n.) [hardware or software]	configuration (n.f.) [matérielle ou logicielle]
mask	masque (n.m.); grille (n.f.)
massively parallel	massivement parallèle
mass memory	mémoire de masse (n.f.)
mass parallelism	parallélisme de masse (n.m.)
mass storage	stockage de masse (n.m.)
master clock	horloge pilote (n.f.); horloge mère (n.f.)
master file; main file	fichier maître (n.m.); fichier de base (n.m.)

math coprocessor	coprocesseur mathématique (n.m.)
matrix printer; dot printer; dot matrix printer	imprimante par points (n.f.); imprimante matricielle (n.f.)
maximization	maximisation (n.f.)
maximize	maximiser
Mb; megabyte	mégaoctet (n.m.); Mo
Mbit; megabit	mégabit (n.m.); Mbit
MBM; bubble memory; magnetic bubble memory	mémoire à bulles (n.f.); mémoire à bulles magnétiques (n.f.); MBM
MCA; Micro Channel Architecture	architecture MCA (n.f.)
MDU; magnetic disk unit	unité de disque magnétique (n.f.)
mechanical mouse	souris mécanique (n.f.)
medium; data medium	support d'information (n.m.)
medium-scale integration; MSI	intégration à moyenne échelle (n.f.); MSI
megabit; Mbit	mégabit (n.m.); Mbit
megabyte; Mb	mégaoctet (n.m.); Mo
megaflop; M-flop	mégaflop (n.m.); Mflop
memory board	carte mémoire (n.f.)
memory card; flash card; credit card style memory card	carte flash (n.f.); carte à mémoire (n.f.)
memory dump	cliché-mémoire (n.m.); listage de la mémoire (n.m.)
memory management unit; MMU	unité de gestion de mémoire (n.f.); UGM
memory map; mapping; map (n.)	mappe (n.f.); topographie mémoire (n.f.)

memory optimizer	optimiseur de mémoire (n.m.)
memory resident	résidant en mémoire
menu	menu (n.m.)
menu-driven; menu-based	piloté par menu; à menus
merge; merging	fusion (n.f.)
message handling	traitement des messages (n.m.)
message queue	file d'attente de messages (n.f.)
message store; MS	mémoire de messages (n.f.); MM
metalanguage	métalangage (n.m.)
M-flop; megaflop	mégaflop (n.m.); Mflop
MGA; Multimedia Graphics Architecture	architecture MGA (n.f.)
Micro Channel Architecture; MCA	architecture MCA (n.f.)
microcomputer	micro-ordinateur (n.m.); micro (n.m.)
microcomputing	micro-informatique (n.f.)
microfacet	microfacette (n.f.)
microprocessor; processor	microprocesseur (n.m.); processeur (n.m.)
microprogramming	microprogrammation (n.f.)
Microsoft Disk Operating System; MS-DOS	MS-DOS
middleware	logiciel standard personnalisé (n.m.)
MIDI; Musical Instrument Digital Interface	norme MIDI (n.f.)
milestone	jalon (n.m.)

Million of Instructions Per Second; MIPS	million d'instructions par seconde (n.m.); MIPS
MIMD; multiple instruction, multiple data	instructions multiples, données multiples (n.f.); MIMD
minicomputer	mini-ordinateur (n.m.); mini (n.m.)
minification	minimisation (n.f.)
minimize; minify	minimiser
mini-tower	mini tour (n.f.); mini châssis vertical (n.m.)
MIPS; Million of Instructions Per Second	million d'instructions par seconde (n.m.); MIPS
mirroring; disk mirroring	miroitage (n.m.); miroitage disque (n.m.); écriture miroir (n.f.)
MISD; multiple instruction, single data	instructions multiples, donnée unique (n.f.); MISD
mission-critical	critique; ciblé
MM; multifunction media	média multifonctions (n.m.)
MM; multimedia	multimédia
MMU; memory management unit	unité de gestion de mémoire (n.f.); UGM
mnemonic symbol	symbole mnémonique (n.m.)
MO; magneto-optical	magnéto-optique
mobidem; mobile modem	modem mobile (n.m.)
mobile computer	ordinateur mobile (n.m.)
mobile computing	informatique mobile (n.f.)
mobile modem; mobidem	modem mobile (n.m.)
mobile office	bureau mobile (n.m.)

modal	modal
modaless; modeless	amodal
modal window	fenêtre modale (n.f.)
modeless; modaless	amodal
modelling; modeling	modélisation (n.f.)
modem; modulator/demodulator	modem (n.m.); modulateur/ démodulateur (n.m.)
modem eliminator; null modem	modem nul (n.m.); simulateur de modem (n.m.); faux modem (n.m.)
modular programming	programmation modulaire (n.f.)
modulator/demodulator; modem	modem (n.m.); modulateur/ démodulateur (n.m.)
molecular computing	informatique moléculaire (n.f.)
monitor (n.)	moniteur (n.m.)
monochrome display	affichage monochrome (n.m.)
monotonic; monotone	monotone
morph	morphe (n.m.)
morphing [computer-aided special effects]	morphage (n.m.) [effets spéciaux assistés par ordinateur]
most significant bit; MSB	bit de poids fort (n.m.)
motherboard	carte-mère (n.f.)
mouse	souris (n.f.)
mouse pad; mouse mat	tapis de souris (n.m.); tapis à souris (n.m.)
mousepen	souris-stylo (n.f.); stylo-souris (n.m.)
movement file; transaction file	fichier mouvement (n.m.)

55

MPC; multimedia PC; multimedia personal computer	ordinateur personnel multimédia (n.m.)
MS; message store	mémoire de messages (n.f.); MM
MSB; most significant bit	bit de poids fort (n.m.)
MS-DOS; Microsoft Disk Operating System	MS-DOS
MSI; medium-scale integration	intégration à moyenne échelle (n.f.); MSI
MT; magnetic tape	bande magnétique (n.f.); BM
MTU; magnetic tape unit	dérouleur de bande magnétique (n.m.)
multifunction board	carte multifonctions (n.f.)
multifunction media; MM	média multifonctions (n.m.)
multimedia; MM	multimédia
multimedia computer	ordinateur multimédia (n.m.)
Multimedia Graphics Architecture; MGA	architecture MGA (n.f.)
multimedia personal computer; MPC; multimedia PC	ordinateur personnel multimédia (n.m.)
multiple instruction, multiple data; MIMD	instructions multiples, données multiples (n.f.); MIMD
multiple instruction, single data; MISD	instructions multiples, donnée unique (n.f.); MISD
multiple window graphics	graphisme à fenêtres multiples (n.m.); graphisme multifenêtres (n.m.)
multiplexor	multiplexeur (n.m.)
multiprocessor	multiprocesseur (n.m.)
multiprogramming	multiprogrammation (n.f.)

multiscan	multibalayage (n.m.)
multitasking; multitask	multitâches
multithreading	gestion des unités d'exécution (n.f.)
multiuser	multiutilisateurs
Musical Instrument Digital Interface; MIDI	norme MIDI (n.f.)

nagware NOTE To make the user pay for software.	logiciel de harcèlement (n.m.) NOTA Force l'utilisateur à s'acquitter des droits.
nanotechnology	nanotechnologie (n.f.)
NAPLPS; North American Presentation Level Protocol Syntax NOTE Pronounced "napleps".	NAPLPS; North American Presentation Level Protocol Syntax NOTA Se prononce «napleps» et est masculin.
natural language	langage naturel (n.m.)
navigation [software]	exploration (n.f.); navigation (n.f.) [logiciel]
NDRO; non-destructive reading; non-destructive readout	lecture non destructive (n.f.)
near-letter quality; NLQ	qualité quasi-courrier (n.f.); qualité pseudo-courrier (n.f.)
nematic [liquid-crystal cell]	nématique [cellule en cristal liquide]
nested group [icons]	groupe niché (n.m.) [icônes]

nested loop	boucle emboîtée (n.f.); boucle imbriquée (n.f.)
network (n.)	réseau (n.m.)
network architecture	architecture de réseau (n.f.)
network computing; networking	réseautique (n.f.); informatique communicante (n.f.)
network data base	base de données en réseau (n.f.)
networking	réseautage (n.m.); mise en réseau (n.f.)
networking; network computing	réseautique (n.f.); informatique communicante (n.f.)
network server	serveur de réseau (n.m.)
neural computer	ordinateur neuronal (n.m.)
neural computing	informatique neuronale (n.f.)
neural network; neural net	réseau de neurones (n.m.); réseau neuronal (n.m.)
neutral twisted nematic; NTN	nématique en hélice neutre; nématique torsadée neutre; NTN
NI; non-interlace; non-interlaced	non entrelacé; NE
nibble; quartet; four-bit byte	quartet (n.m.)
nickel metal hydride battery; NiMH battery	accumulateur à hydrure métallique de nickel (n.m.); accumulateur NiMH (n.m.)
NLQ; near-letter quality	qualité quasi-courrier (n.f.); qualité pseudo-courrier (n.f.)
node processor	processeur nodal (n.m.)
no-go	n'entre pas
nondedicated	non spécialisé

non-destructive reading; non-destructive readout; NDRO	lecture non destructive (n.f.)
non-erasable	noneffaçable
non-escaping key; dead key	touche morte (n.f.)
non-impact printer	imprimante sans impact (n.f.); imprimante sans percussion (n.f.)
non-interlace; non-interlaced; NI	non entrelacé; NE
nonlinear	non linéaire
nonprocedural language; non- procedure-oriented language; declarative language	langage non procédural (n.m.)
nonrecoverable error; unrecoverable error	erreur irréparable (n.f.)
nonvolatile storage	mémoire rémanente (n.f.)
North American Presentation Level Protocol Syntax; NAPLPS	NAPLPS; North American Presentation Level Protocol Syntax
NOTE Pronounced "napleps".	NOTA Se prononce «napleps» et est masculin.
Not Bit Clear; NotBic	bit à un
notebook computer; notebook	bloc-notes (n.m.); ordinateur bloc-notes (n.m.)
notepad; pen computer; pen-based computer	ordinateur stylo (n.m.); ardoise électronique (n.f.); ordinateur à stylet (n.m.)
NTN; neutral twisted nematic	nématique en hélice neutre; nématique torsadée neutre; NTN
NuBus card	carte NuBus (n.f.)
null modem; modem eliminator	modem nul (n.m.); simulateur de modem (n.m.); faux modem (n.m.)
numeric code	code numérique (n.m.)

numeric keypad; numeric pad; keypad	clavier numérique (n.m.); pavé numérique (n.m.)
Num Lock Key; Num Lock	touche de verrouillage numérique (n.f.); Verr Num

object language; target language	langage objet (n.m.)
object linking and embedding; OLE	liaison et incorporation d'objet (n.f.)
object-oriented	orienté objet
object programme	programme objet (n.m.)
OCR; optical character recognition	reconnaissance optique de caractères (n.f.); ROC
octal notation	notation octale (n.f.)
octopus [cables]	pieuvre (n.f.) [câbles]
odd parity	parité impaire (n.f.); imparité (n.f.)
office automation	bureautique (n.f.)
offline; off-line	autonome; hors ligne
off-site	à l'extérieur; hors place
off-the-shelf; shrunkwrapped; canned; vanilla [software]	de série; grand public [logiciels]
off-the-shelf software; shelfware	logiciel de série (n.m.)
OLE; object linking and embedding	liaison et incorporation d'objet (n.f.)
OMC; optical memory card	carte à mémoire optique (n.f.)

one-to-one mapping; injective mapping	injection (n.f.); application injective (n.f.)
one-way	unidirectionnel
online; on-line	en direct; en ligne
online help	aide en ligne (n.f.)
on-screen	à l'écran
on site	sur place; sur les lieux; sur site
Open Systems Architecture; OSA	architecture de systèmes ouverts (n.f.)
Open Systems Interconnection; OSI	interconnexion de systèmes ouverts (n.f.); OSI
operand	opérande (n.m.)
operating software; enabling software	logiciel d'exploitation (n.m.)
operating system; OS	système d'exploitation (n.m.)
optical character recognition; OCR	reconnaissance optique de caractères (n.f.); ROC
optical computer	ordinateur optique (n.m.)
optical digital disk; digital optical disk	disque optique numérique (n.m.); DON
optical memory	mémoire optique (n.f.)
optical memory card; OMC	carte à mémoire optique (n.f.)
optical mouse	souris optique (n.f.)
optical scanner; optical reader	lecteur optique (n.m.); scanner optique (n.m.)
optimizer	optimiseur (n.m.)
organizer; electronic organizer	agenda électronique (n.m.); organiseur (n.m.)

originator; sender	expéditeur (n.é.); auteur (n.é.)
orphan [WordPerfect®]	orphelin (n.m.) [WordPerfect®]
OS; operating system	système d'exploitation (n.m.)
OSA; Open Systems Architecture	architecture de systèmes ouverts (n.f.)
OSI; Open Systems Interconnection	interconnexion de systèmes ouverts (n.f.); OSI
out-basket [electronic mail]	corbeille de sortie (n.f.) [courrier électronique]
outliner	schématiseur (n.m.); organisateur d'idées (n.m.)
output device	périphérique de sortie (n.m.)
outsourcing	externalisation (n.f.)
overflow	dépassement de capacité positif (n.m.)
overlay (n.); keyboard overlay	cache (n.m.); cache de clavier (n.m.)
overlay segment	segment de recouvrement (n.m.)
overscanning; overscan	surbalayage (n.m.)
overtyping	surfrappe (n.f.)
overwriting	écrasement (n.m.); superposition (n.f.)

package; software package	progiciel (n.m.)
packet [communication]	paquet (n.m) [communication]

packing density; data density; recording density	densité d'enregistrement (n.f.)
page break	saut de page (n.m.); changement de page (n.m.)
page flipping	tournage de page (n.m.)
pages per minute; PPM	pages par minute (n.f.); PPM
paging [word processing]	pagination (n.f.) [traitement de texte]
palette	palette (n.f.)
palmtop computer; palmsize computer; handheld computer	ordinateur à main (n.m.)
paperless society	société sans papier (n.f.)
parallel port; P/P port; LPT port	port parallèle (n.m.)
parallel processing	traitement parallèle (n.m.)
parity	parité (n.f.)
parity check	contrôle de parité (n.m.); vérification de parité (n.f.)
parity setting	réglage de parité (n.m.)
parsing; syntax analysis	analyse syntaxique (n.f.); parsage (n.m.)
passive matrix screen	écran à matrice passive (n.m.)
password	mot de passe (n.m.)
pathname	nom d'accès (n.m.)
pathway	voie d'accès (n.f.)
pattern recognition	reconnaissance des formes (n.f.)
pause	pause (n.f.)

PC; personal computer

ordinateur personnel (n.m.); PC; ordinateur individuel (n.m.)

PCI; Peripheral Component Interconnect

norme PCI (n.f.)

PCMCIA; Personal Computer Memory Card International Association

norme PCMCIA (n.f.)

PDA; personal digital assistant

assistant numérique personnel (n.m.)

peer-to-peer

d'égal à égal

pel; picture element; pixel

pixel (n.m.)

pen; light pen; light sensor

photostyle (n.m.); crayon lecteur (n.m.); stylet (n.m.)

pen-based computer; notepad; pen computer

ordinateur stylo (n.m.); ardoise électronique (n.f.); ordinateur à stylet (n.m.)

pen-based computing; pen computing

traitement sans clavier (n.m.); traitement au stylet (n.m.); informatique stylo (n.f.)

pen computer; pen-based computer; notepad

ordinateur stylo (n.m.); ardoise électronique (n.f.); ordinateur à stylet (n.m.)

pen computing; pen-based computing

traitement sans clavier (n.m.); traitement au stylet (n.m.); informatique stylo (n.f.)

pen plotter

traceur à plumes (n.m.)

pentop computer; pentop

portatif à stylet (n.m.); ordinateur portatif à stylet (n.m.)

pen-writing interface

interface d'écriture au stylet (n.f.)

peopleware; jellyware; liveware

personnel informatique (n.m.)

peripheral (n.)

périphérique (n.m.)

Peripheral Component Interconnect; PCI	norme PCI (n.f.)
permanent error; hard error; solid error	erreur permanente (n.f.); erreur persistante (n.f.)
personal computer; PC	ordinateur personnel (n.m.); PC; ordinateur individuel (n.m.)
Personal Computer Memory Card International Association; PCMCIA	norme PCMCIA (n.f.)
personal digital assistant; PDA	assistant numérique personnel (n.m.)
personal information manager; PIM	gestionnaire personnel (n.m.)
photo CD; photo compact disk	DC photo (n.m.); disque compact photo (n.m.)
physical record	enregistrement physique (n.m.)
pictograph; icon	icône (n.f.); icone (n.m.); pictogramme (n.m.)
picture element; pixel; pel	pixel (n.m.)
piggyback access [security]	accès à califourchon (n.m.) [sécurité]
PIM; personal information manager	gestionnaire personnel (n.m.)
pin feed tractor	entraîneur à picots (n.m.)
pipeline processor	processeur pipeline (n.m.)
pipelining	pipeline (n.m.); traitement pipeline (n.m.)
piracy	piratage (n.m.)
pirateware	logiciel piraté (n.m.)

pitch; character pitch	pas des caractères (n.m.); pas d'impression (n.m.)
pitch; dot pitch [pixels]	pas (n.m.); espacement (n.m.); pas de masque (n.m.) [pixels]
pixel; pel; picture element	pixel (n.m.)
pixellization	pixelisation (n.f.)
pixel map; pixmap	table de pixels (n.f.)
plain text	texte en clair (n.m.)
plasma screen; gas plasma screen	écran à plasma (n.m.); écran au plasma (n.m.)
plotter	table traçante (n.f.); traceur (n.m.)
plug-and-play; plug-and-go	prêt à l'emploi; prêt à utiliser; branchez et jouez; branchez et ça marche
plug-in card	carte à insérer (n.f.); carte enfichable (n.f.)
pocket computer	ordinateur de poche (n.m.)
pocket sorting; digital sorting; radix sorting	tri numérique (n.m.)
point and click	pointer-cliquer
pointer	pointeur (n.m.)
pointing device	dispositif de pointage (n.m.)
point-of-sale terminal	terminal point de vente (n.m.); TPV
point-to-point	point à point
poke (v.)	écrire
Polish notation; prefix notation	notation polonaise (n.f.); notation préfixée (n.f.)

polling	invitation à émettre (n.f.)
popdown [menus]	disparition du déroulement (n.f.) [menus]
popup menu; pop-up menu	menu surgissant (n.m.); menu flash (n.m.)
port (n.)	port (n.m.)
portability	portabilité (n.f.)
portable computer	ordinateur portable (n.m.)
porting	portage (n.m.)
positive feedback; tactile feedback	rétroaction tactile (n.f.)
postfix notation; reverse Polish notation	notation polonaise inverse (n.f.); notation postfixée (n.f.)
postmortem dump	cliché d'autopsie (n.m.)
PowerPC®	PowerPC®
power typing	frappe automatique (n.f.); frappe assistée (n.f.)
power user	gros utilisateur (n.m.)
PPM; pages per minute	pages par minute (n.f.); PPM
P/P port; LPT port; parallel port	port parallèle (n.m.)
predecrement (v.)	prédécrémenter
preemptive multitasking	multitâche préemptif
prefix notation; Polish notation	notation polonaise (n.f.); notation préfixée (n.f.)
preflighting	contrôle de disponibilité avant appel (n.m.)
pre-release; interim release [software]	préversion [logiciels]

preventive	préventif
preventive maintenance	maintenance préventive (n.f.)
preview (n.)	prévisualisation (n.f.)
preview (v.)	visualiser
primary ordering	tri primaire (n.m.)
printer	imprimante (n.f.)
print image file	fichier du jeu de caractères (n.m.)
printout	imprimé (n.m.); sortie sur imprimante (n.f.)
print screen key; Print Scrn	touche d'impression d'écran (n.f.); Impr. Écran
prioritizing	classement par ordre de priorité (n.m.)
privacy	confidentialité (n.f.)
probabilistic	probabiliste
procedural language; procedure-oriented language; imperative language	langage procédural (n.m.)
process control	commande de processus (n.f.)
processing unit	unité de traitement (n.f.)
processor; microprocessor	microprocesseur (n.m.); processeur (n.m.)
program; programme	programme (n.m.)
programmable function key; soft key; soft function key; user-defined key	touche programmable (n.f.); touche de fonction programmable (n.f.)
programmable read-only memory; PROM	mémoire morte programmable (n.f.); mémoire PROM (n.f.)

programme; program	programme (n.m.)
programme library	programmathèque (n.f.)
programmer	programmeur (n.m.)
programming language	langage de programmation (n.m.)
PROM; programmable read-only memory	mémoire morte programmable (n.f.); mémoire PROM (n.f.)
PROM blaster; PROM burner; PROM programmer; PROM writer	programmeur de PROM (n.m.); programmeur de mémoire morte programmable (n.m.)
prompt; prompting message	message guide (n.m.); invite (n.f.)
PROM writer; PROM blaster; PROM burner; PROM programmer	programmeur de PROM (n.m.); programmeur de mémoire morte programmable (n.m.)
proprietary; proprietory	propriétal [Canada]; propriétaire [France]
protected	protégé
protocol	protocole (n.m.)
pruning	élagage (n.m.)
pseudocode	pseudocode (n.m.)
pseudocolour	pseudocouleur (n.f.)
pseudolanguage	langage symbolique (n.m.)
public domain software; freeware	gratuiciel (n.m.); logiciel public (n.m.); logiciel sans droits d'auteur (n.m.)
pulldown menu; pull-down menu	menu déroulant (n.m.)
pulse train	train d'impulsions (n.m.)
pushdown list; push-down list	liste refoulée (n.f.); liste inversée (n.f.)

QL; query language	langage d'interrogation (n.m.)
quartet; four-bit byte; nibble	quartet (n.m.)
query	interrogation (n.f.)
query language; QL	langage d'interrogation (n.m.)
query session	session d'interrogation (n.f.); séance d'interrogation (n.f.) (à éviter)
queue	file d'attente (n.f.)
quick access key	touche d'accès rapide (n.f.)
quick swap; hot swap [battery]	changement rapide (n.m.) [accumulateur]
quintet; five-bit byte	quintet (n.m.)
quit; exit	sortie (n.f.)

rack	bâti (n.m.); baie (n.f.)
radio button	bouton radio (n.m.)
radio modem; cordless modem; wireless modem	modem sans fil (n.m.)
radix	base de numération (n.f.)
radix sorting; pocket sorting; digital sorting	tri numérique (n.m.)

ragged	décalé; en drapeau
RAID storage; Redundant Array of Inexpensive Disks	stockage RAID (n.m.); grappe de disques (n.f.)
random	aléatoire
random access memory	mémoire vive (n.f.); RAM
raster scan	balayage ligne par ligne (n.m.); balayage trame (n.m.)
raw data	données brutes (n.f.)
raw mode	mode brut (n.m.)
ray tracing [computer graphics]	lancer de rayon (n.m.) [infographie]
RDB; relational database	base de données relationnelles (n.f.); BDR
RDBMS; relational database management system	système de gestion de base de données relationnelles (n.m.); SGBDR
read-only memory; ROM	mémoire morte (n.f.); ROM
read/write head	tête de lecture-écriture (n.f.)
ready; upgradable	évolutif; extensible
real-time	en temps réel
real-time operating system; RTOS	système d'exploitation en temps réel (n.m.)
real world scene [virtual reality]	scène du monde réel (n.f.) [réalité virtuelle]
reasonableness check	contrôle de vraisemblance (n.m.)
rebooting; rebootstrapping	réamorçage (n.m.); réinitialisation (n.f.)
recall	rappel (n.m.)

recipient; receiver	destinataire (n.é.)
record (n.)	enregistrement (n.m.)
recordable optical disk; rewritable optical disk; erasable optical disk	disque optique réinscriptible (n.m.)
recording density; packing density; data density	densité d'enregistrement (n.f.)
recoverable error	erreur réparable (n.f.)
recovery	reprise (n.f.)
recurrent; recursive	récurrent; récursif
recyclable computer; green computer	ordinateur recyclable (n.m.); ordinateur écologique (n.m.); ordinateur vert (n.m.)
red-green-blue; RGB	RVB; rouge-vert-bleu
Reduced Instruction Set Computer; RISC	ordinateur à jeu d'instructions réduit (n.m.); ordinateur RISC (n.m.)
redundancy check	contrôle par redondance (n.m.)
redundant	redondant
Redundant Array of Inexpensive Disks; RAID storage	stockage RAID (n.m.); grappe de disques (n.f.)
reflective LCD	ACL rétroréfléchissant (n.m.)
refresh memory	mémoire de régénération (n.f.)
refresh rate	vitesse de régénération (n.f.)
register (n.)	registre (n.m.)
register-based routine	routine utilisant les registres (n.f.)
regression testing	essais de régression (n.m.)
relational database; RDB	base de données relationnelles (n.f.); BDR

relational database management system; RDBMS	système de gestion de base de données relationnelles (n.m.); SGBDR
release [software]	version (n.f.) [logiciels]
reliability	fiabilité (n.f.)
remote access data processing; remote processing; teleprocessing	télétraitement (n.m.)
remote job entry	télésoumission des travaux (n.f.)
remote processing; teleprocessing; remote access data processing	télétraitement (n.m.)
removable keyboard; detachable keyboard	clavier amovible (n.m.)
rendering	rendu (n.m.)
repeat key	touche de répétition (n.f.)
replace (n.)	remplacement (n.m.)
repository; software repository; software library	logithèque (n.f.)
reprogrammable PROM; REPROM	mémoire morte reprogrammable (n.f.); mémoire REPROM (n.f.)
repudiation	répudiation (n.f.)
requeuing	remise en file d'attente (n.f.)
reserved word	mot réservé (n.m.)
reset	remise à zéro (n.f.); RAZ
resident programme	programme résident (n.m.)
resilience; fault tolerance	tolérance aux pannes (n.f.); résilience (n.f.)
resolution	résolution (n.f.)

response time	temps réponse (n.m.); temps de réponse (n.m.)
restore (n.)	restauration (n.f.)
restore (v.)	restaurer
resume (v.)	reprendre
retrieval	extraction (n.f.)
retrieval	récupération (n.f.)
retrofit	rattrapage (n.m.)
return; carriage return; CR	retour à la marge (n.m.); retour à la ligne (n.m.)
reverse Polish notation; postfix notation	notation polonaise inverse (n.f.); notation postfixée (n.f.)
reverse video; inverse video	vidéo inversée (n.f.); affichage en négatif (n.m.)
rewritable optical disk; erasable optical disk; recordable optical disk	disque optique réinscriptible (n.m.)
rewriting	réécriture (n.f.)
RGB; red-green-blue	RVB; rouge-vert-bleu
RISC; Reduced Instruction Set Computer	ordinateur à jeu d'instructions réduit (n.m.); ordinateur RISC (n.m.)
risk management	gestion des risques (n.f.)
road warrior [mobile computing jargon]	nomade (n.é.); voyageur (n.m.); itinérant (n.m.) [informatique mobile]
robotic arm	bras manipulateur (n.m.)
robotics	robotique (n.f.)

rolling ball; trackball	boule roulante (n.f.); boule de commande (n.f.)
rollover attribute	frappe quasi simultanée (n.f.)
ROM; read-only memory	mémoire morte (n.f.); ROM
romware	logiciel en mémoire morte (n.m.)
root directory	répertoire racine (n.m.)
root segment	segment de base (n.m.)
router	routeur (n.m.)
routine	routine (n.f.)
RTOS; real-time operating system	système d'exploitation en temps réel (n.m.)
ruggedized	renforcé
ruler	règle (n.f.)
run (n.)	passage machine (n.m.)
run (v.)	exécuter; lancer [un programme]
run (v.) NOTE For example, a program runs on a computer system.	tourner NOTA Par exemple, un programme tourne sur un système informatique.
run-length encoding	encodage en longueur de ligne (n.m.); encodage en longueur de plage (n.m.)
running time; run time; turnaround time; execution time	temps d'exécution (n.m.)
run stream; job stream; job queue; input stream	file de travaux (n.f.); flot de travaux (n.m.); train de travaux (n.m.)
run time; turnaround time; execution time; running time	temps d'exécution (n.m.)

run-time check	vérification à l'exécution (n.f.); contrôle d'exécution (n.m.)
runtime software	progiciel exécutable (n.m.); exécuteur (n.m.)

S

safety ring	bague de sécurité (n.f.)
satellite computer	ordinateur satellite (n.m.)
save as	enregistrer sous
SBE; supertwisted birefringence effect	effet de biréfringence en hélice (n.m.); effet de biréfringence torsadée (n.m.)
scalable architecture; scalar architecture	architecture scalaire (n.f.); architecture évolutive (n.f.)
scalable font	police à échelle modifiable (n.f.); police à taille modifiable (n.f.)
scalar architecture; scalable architecture	architecture scalaire (n.f.); architecture évolutive (n.f.)
scale cursor; ghost cursor; shadow cursor	curseur repère (n.m.); curseur d'échelle (n.m.)
scan (n.); scanning	balayage (n.m.); lecture (n.f.); scan (n.m.) (à éviter)
scan (v.)	balayer; explorer; scanner (à éviter)
scanner	scanner (n.m.); scanneur (n.m.) [moins fréquent]
scanning; scan (n.)	balayage (n.m.); lecture (n.f.); scan (n.m.) (à éviter)

scramble bin; vacuum chamber; vacuum bin; vacuum column	puits à dépression (n.m.); colonne à vide (n.f.)
scrambling	brouillage (n.m.)
scratch file; work file	fichier de travail (n.m.)
scratch-pad memory	mémoire de travail (n.f.)
screen (n.)	écran (n.m.)
screen capture; screen print; screen dump	impression d'écran (n.f.); copie d'écran (n.f.)
screen copy; soft copy	copie écran (n.f.)
screen dump; screen capture; screen print	impression d'écran (n.f.); copie d'écran (n.f.)
screen page; video page	page-écran (n.f.)
screen print; screen dump; screen capture	impression d'écran (n.f.); copie d'écran (n.f.)
screen refresh	régénération d'écran (n.f.)
screen saver	économiseur d'écran (n.m.); interlude (n.m.)
scripting	scénarisation (n.f.)
scroll bar	barre de défilement (n.f.)
scroll box; vertical scroll box; slider box; elevator	ascenseur (n.m.); curseur vertical (n.m.); boîte de défilement vertical (n.f.)
scrolling	défilement (n.m.)
scroll lock key; Scroll Lock	touche de défilement (n.f.); touche Défil (n.f.)
SCSI; Small Computer System Interface	norme SCSI (n.f.)
search and replace	rechercher/remplacer; recherche et remplacement

sector	secteur (n.m.)
sectoring	sectorisation (n.f.)
security audit trail; audit trail	piste de vérification (n.f.); piste de contrôle (n.f.)
security copy; backup copy; backup	copie de sécurité (n.f.); copie de sauvegarde (n.f.)
segment (n.)	segment (n.m.)
self-checking code; error-detection code; EDC; error-detecting code	code détecteur d'erreurs (n.m.)
self-parking disk drive	lecteur à auto-parcage (n.m.)
semaphore	sémaphore (n.m.)
sender; originator	expéditeur (n.é.); auteur (n.é.)
sensitive data; critical data	données sensibles (n.f.); données critiques (n.f.)
sensor	capteur (n.m.); senseur (n.m.) (à éviter)
sentinel; flag	drapeau (n.m.)
separator	délimiteur (n.m.)
septet; seven-bit byte	septet (n.m.)
sequencer	séquenceur (n.m.)
sequential access; serial access	accès séquentiel (n.m.)
serializer	numéroteur (n.m.)
serial port; S/P	port série (n.m.)
serial processing	traitement série (n.m.)
serial-to-parallel converter; deserializer; staticizer	convertisseur série/parallèle (n.m.)
server	serveur (n.m.)

session	session (n.f.); séance (n.f.) (à éviter)
seven-bit byte; septet	septet (n.m.)
sextet; six-bit byte	sextet (n.m.)
SFT; system resilience; system fault tolerance	tolérance aux pannes du système (n.f.)
SGML; Standard Generalized Mark up Language	SGML; langage standard de balisage généralisé (n.m.)
shading	ombrage (n.m.)
shadow cursor; scale cursor; ghost cursor	curseur repère (n.m.); curseur d'échelle (n.m.)
shadowing	enregistrement double (n.m.)
shared logic	logique partagée (n.f.)
shareware	partagiciel (n.m.); logiciel contributif (n.m.)
sheet-fed scanner	scanner à feuilles (n.m.)
sheet feed	alimentation en feuilles (n.f.)
sheet feeder	alimentateur feuille à feuille (n.m.)
shelfware; off-the-shelf software	logiciel de série (n.m.)
shell	générique de développement (n.m.)
shell system; shell	système essentiel (n.m.); coquille (n.f.)
Shift; shift key	touche de positionnement du clavier (n.f.)
shifting	décalage (n.m.)
shift key; Shift	touche de positionnement du clavier (n.f.)

Shift lock key; Caps Lock key;
capital lock key; Caps Lock

touche de verrouillage (n.f.);
FixMaj

shovelware

logiciel à la pelle (n.m.)

shrink; iconize; stow

iconiser

shrunkwrapped; canned; vanilla;
off-the-shelf [software]

de série; grand public [logiciels]

shutdown

arrêt (n.m.)

sidelit screen; edgelit screen

écran éclairé latéralement (n.m.);
écran à éclairage périphérique
(n.m.)

sign bit

bit de signe (n.m.)

sign off (v.); sign out (v.)

mettre fin à la communication;
clore

SIMD; single instruction, multiple
data

instruction unique, données
multiples (n.f.); SIMD

SIMM; single inline memory
module

module SIMM (n.m.); module
de mémoire à simple rangée
de connexions (n.m.); barrette
SIMM (n.f.)

simulation

simulation (n.f.)

simultaneous peripheral operation
online; spool (n.)

fichier de désynchronisation
(n.m.); spool (n.m.); spoule (n.m.)

single inline memory module;
SIMM

module SIMM (n.m.); module
de mémoire à simple rangée
de connexions (n.m.); barrette
SIMM (n.f.)

single instruction, multiple data;
SIMD

instruction unique, données
multiples (n.f.); SIMD

single instruction, single data;
SISD

instruction unique, donnée
unique (n.f.); SISD

Single Sided/Double Density;
SS/DD

Simple Face, Double Densité;
SFDD

Single Sided/Single Density; SS/SD	Simple Face, Simple Densité; SFSD
single station	monoposte
SISD; single instruction, single data	instruction unique, donnée unique (n.f.); SISD
six-bit byte; sextet	sextet (n.m.)
slash; slant	oblique (n.f.)
slave mode	mode asservi (n.m.)
sleep mode; sleep	veille (n.f.); attente (n.f.); hibernation (n.f.)
slider box; elevator; scroll box; vertical scroll box	ascenseur (n.m.); curseur vertical (n.m.); boîte de défilement vertical (n.f.)
Small Computer System Interface; SCSI	norme SCSI (n.f.)
small-scale integration; SSI	intégration à petite échelle (n.f.); SSI
smart	intelligent
smart card; chip card	carte à puce (n.f.)
snapshot printout	impression sélective (n.f.)
snapshot programme	programme d'analyse sélective (n.m.)
soft bomb; logic bomb	bombe logique (n.f.)
soft copy; screen copy	copie écran (n.f.)
soft error	erreur temporaire (n.f.)
soft function key; user-defined key; programmable function key; soft key	touche programmable (n.f.); touche de fonction programmable (n.f.)
soft sectoring	sectorisation logicielle (n.f.)

software	logiciel (n.m.)
software engineer	ingénieur logiciel (n.m.)
software engineering	génie logiciel (n.m.)
software library; repository; software repository	logithèque (n.f.)
software package; package	progiciel (n.m.)
software piracy	piratage logiciel (n.m.)
software release	version de logiciel (n.f.)
software tool	outil logiciel (n.m.)
software repository; software library; repository	logithèque (n.f.)
softwired	programmé
solid error; permanent error; hard error	erreur permanente (n.f.); erreur persistante (n.f.)
solid modelling	modélisation de solides (n.f.)
sorting	tri (n.m.)
sound card; sound board	carte sonore (n.f.); carte de sonorisation (n.f.); carte son (n.f.)
source language	langage source (n.m.)
sourcing	sourçage (n.m.)
SP; structured programming	programmation structurée (n.f.); PS
S/P; serial port	port série (n.m.)
specification language	langage de spécification (n.m.)
speech recognition	reconnaissance de la parole (n.f.)
speech synthesis	synthèse vocale (n.f.)

spelling checker; spell checker	logiciel de vérification orthographique (n.m.); vérificateur orthographique (n.m.)
spelling dictionary	dictionnaire orthographique (n.m.)
split keyboard	clavier ajustable (n.m.)
split-screen	écran partagé (n.m.); écran divisé (n.m.)
split stream	train de données fractionnables (n.m.)
spool (n.); simultaneous peripheral operation online	fichier de désynchronisation (n.m.); spool (n.m.); spoule (n.m.)
spool (v.)	spooler; spouler
spooler	programme spool (n.m.)
spooling	spoule (n.m.)
spreadsheet	feuille de calcul (n.f.)
spreadsheet	tableur (n.m.)
sprite [computer graphics]	lutin (n.m.); image-objet (n.f.) [infographie]
SRAM; Static Random Access Memory; static RAM	mémoire vive statique (n.f.); SRAM; RAM statique (n.f.)
SS/DD; Single Sided/Double Density	Simple Face, Double Densité; SFDD
SSI; small-scale integration	intégration à petite échelle (n.f.); SSI
SS/SD; Single Sided/Single Density	Simple Face, Simple Densité; SFSD
stack (n.)	pile (n.f.)
stacker	case de réception (n.f.); case (n.f.)
stack pointer; stack indicator	pointeur de pile (n.m.)

stand-alone	autonome
Standard Generalized Mark up Language; SGML	SGML; langage standard de balisage généralisé (n.m.)
stand by (adj.)	en attente
startup	démarrage (n.m.)
statement	instruction (n.f.)
state-of-the-art	de pointe; d'avant-garde; de technologie récente
staticizer; serial-to-parallel converter; deserializer	convertisseur série/parallèle (n.m.)
Static Random Access Memory; static RAM; SRAM	mémoire vive statique (n.f.); SRAM; RAM statique (n.f.)
static storage	mémoire statique (n.f.)
status	état (n.m.)
status bar indicator	indicateur de barre d'état (n.m.)
status bit	bit d'état (n.m.)
status line	ligne d'état (n.f.)
stealth virus	virus furtif (n.m.)
STN; supertwist nematic	nématique en superhélice; nématique supertorsadée
stop bit	bit d'arrêt (n.m.)
stop word; stopword	mot vide (n.m.); mot non significatif (n.m.)
storage	stockage (n.m.)
storage capability; storage capacity	capacité de stockage (n.f.)
store and forward	stockage et retransmission (n.m.)
stow; shrink; iconize	iconiser

superscale

streaming tape drive; streaming tape transport; streamer	dérouleur en continu (n.m.); dévideur (n.m.)
streamlining	rationalisation (n.f.)
strikeover	surimpression (n.f.)
striping; disk striping [disk]	entrelacement (n.m.) [disque]
stroke counter	frappomètre (n.m.)
structured programming; SP	programmation structurée (n.f.); PS
subdirectory	sous-répertoire (n.m.)
submenu	sous-menu (n.m.)
sub-notebook computer; subnotebook	minibloc-notes (n.m.); ordinateur minibloc-notes (n.m.); ordinateur ultraportatif (n.m.); ultraportatif (n.m.)
subroutine	sous-programme (n.m.); sous-routine (n.f.) (à éviter)
subscript	indice inférieur (n.m.)
suitcase	valise (n.f.); fichier d'accessoires (n.m.)
supercomputer	superordinateur (n.m.)
supercomputing	superinformatique (n.f.)
superconductive computer	ordinateur supraconducteur (n.m.)
super large-scale integration	superintégration (n.f.); intégration superscalaire (n.f.)
superminicomputer; supermini	superminiordinateur (n.m.); supermini (n.m.)
superscale architecture; superscalar architecture	architecture superscalaire (n.f.)

85

superscript	indice supérieur (n.m.); exposant (n.m.)
supertwisted birefringence effect; SBE	effet de biréfringence en hélice (n.m.); effet de biréfringence torsadée (n.m.)
supertwist nematic; STN	nématique en superhélice; nématique supertorsadée
Super Video Graphics Array; SVGA; super VGA	norme SVGA (n.f.)
support (n.)	soutien (n.m.); appui (n.m.)
support (v.)	soutenir; prendre en charge
supportability	capacité de soutien (n.f.); soutenabilité (n.f.)
surge protector; surge suppressor	parasurtenseur (n.m.)
SVGA; super VGA; Super Video Graphics Array	norme SVGA (n.f.)
swapping	permutation (n.f.); échange (n.m.)
switched modem; dial-up modem	modem commuté (n.m.)
swivel (v.)	pivoter
symbolic programming	programmation symbolique (n.f.)
synchronous	synchrone
synergetic computer	ordinateur synergétique (n.m.)
syntax analysis; parsing	analyse syntaxique (n.f.); parsage (n.m.)
syntax rule	règle de syntaxe (n.f.)
system access control	contrôle d'accès système (n.m.)
system crash	blocage du système (n.m.); incident (n.m.)

system development	développement de système (n.m.)
system fault tolerance; SFT; system resilience	tolérance aux pannes du système (n.f.)
system integrity	intégrité du système (n.f.)
system library	bibliothèque système (n.f.); ordinothèque (n.f.)
system requirements	configuration nécessaire (n.f.)
system resilience; system fault tolerance; SFT	tolérance aux pannes du système (n.f.)
system(s) support	soutien informatique (n.m.)
systems analyst	analyste fonctionnel (n.m.)
systems designer	analyste organique (n.m.)
systems software	logiciel de base (n.m.)
systolic	systolique

Tab key; Tab; tabulator key	tabulateur (n.m.); Tab
tablet computer	ordinateur tablette (n.m.)
tabulator key; Tab key; Tab	tabulateur (n.m.); Tab
tactile feedback; positive feedback	rétroaction tactile (n.f.)
tag (n.); label (n.)	étiquette (n.f.); label (n.m.)
talking; voice (adj.)	vocal
tape backup	sauvegarde sur bande (n.f.)
tape cartridge	cartouche de bande (n.f.)

tape library	bandothèque (n.f.)
target language; object language	langage objet (n.m.)
target programme	programme résultant (n.m.)
task	tâche (n.f.)
task swapper	sous-programme de transfert de tâche (n.m.)
TB; terabyte	téraoctet (n.m.); TO
teachware; educational software; lessonware; learningware; courseware	didacticiel (n.m.)
tearoff menu	menu détachable (n.m.)
telecopier; fax machine; fax; facsimile machine	télécopieur (n.m.); fax (n.m.)
telecottage	centre de télétravail (n.m.)
telecottaging	télétravail de voisinage (n.m.)
telecoupler	télécoupleur (n.m.)
telefax; facsimile; fax	télécopie (n.f.); fac-similé (n.m.); fax (n.m.)
teleinformatics	téléinformatique (n.f.)
telemaintenance	télémaintenance (n.f.)
telematics	télématique (n.f.)
telepresence; walk through; walkthrough [virtual reality]	immersion (n.f.); téléprésence (n.f.) [réalité virtuelle]
teleprocessing; remote access data processing; remote processing	télétraitement (n.m.)
telework	télétravail (n.m.)
TEMPEST [security]	TEMPEST [sécurité]

template; keyboard template	légende de clavier (n.f.); grille de clavier (n.f.); gabarit (n.m.)
temporary storage	mémoire temporaire (n.f.)
terabit	térabit (n.m.)
terabyte; TB	téraoctet (n.m.); TO
teraflop; T-flop	téraflop (n.m.); Tflop
terminal	terminal (n.m.)
test bench; test bed; benchmark test	test d'évaluation des performances (n.m.); banc d'essai (n.m.)
testing time	temps d'essai (n.m.)
text editing; editing	édition de texte (n.f.); édition (n.f.)
texture mapping	mappage de texture (n.m.)
T-flop; teraflop	téraflop (n.m.); Tflop
TFT; thin-film transistor	transistor en couches minces (n.m.)
TFT display; thin film transistor display	affichage transistors en couches minces (n.m.)
thermal printer	imprimante thermique (n.f.)
thin-film transistor; TFT	transistor en couches minces (n.m.)
thin film transistor display; TFT display	affichage transistors en couches minces (n.m.)
third party network	réseau de tiers (n.m.)
third party software	logiciel de société indépendante (n.m.)
three-bit byte; triplet	triplet (n.m.)
three dimensional graphics; 3-D graphics	graphiques 3D (n.m.)

three dimensional modelling; 3-D modelling	modélisation tridimensionnelle (n.f.); modélisation 3D (n.f.)
3D mouse; airborne mouse; flying mouse [virtual reality]	souris volante (n.f.); souris 3D (n.f.) [réalité virtuelle]
threshold	seuil (n.m.)
tile	pavé (n.m.)
tilt swivel base [monitors]	socle inclinable et pivotant (n.m.) [moniteurs]
timesharing; time sharing	partage de temps (n.m.)
time slicing	découpage du temps (n.m.)
time specific	à partir d'un moment précis
TN; twisted nematic	nématique en hélice; nématique torsadée; nématique à torsade
token ring; token passing ring	anneau à jeton (n.m.)
toll-free number	numéro de libre appel (n.m.); numéro vert (n.m.)
tombstoning	alignement horizontal non voulu (n.m.)
toolbar	barre d'outils (n.f.)
tool box; tool kit	boîte à outils (n.f.)
top-down design	conception de haut en bas (n.f.); conception descendante (n.f.)
torn-off menu	menu détaché (n.m.)
touch pad	tablette tactile (n.f.)
touch screen; touch sensitive screen	écran tactile (n.m.)
tower; deskside; upright	tour (n.f.); châssis vertical (n.m.)
tpi; tracks per inch	pistes par pouce (n.f.); tpi

trace programme	programme de traçage (n.m.); programme de dépistage (n.m.)
track (n.)	piste (n.f.)
trackball; rolling ball	boule roulante (n.f.); boule de commande (n.f.)
tracks per inch; tpi	pistes par pouce (n.f.); tpi
trailer label; end-of-file label	label fin (n.m.); label de fin de fichier (n.m.)
transaction file; movement file	fichier mouvement (n.m.)
transaction set [Electronic Data Interchange]	document informatisé (n.m.) [Échange de Données Informatisé]
transcoding; code conversion	transcodage (n.m.); conversion de code (n.f.)
transfer	transfert (n.m.)
transfer rate	vitesse de transfert (n.f.)
transflective screen	écran transflectif (n.m.)
transient programme	programme non résident (n.m.)
translating programme; translator	traducteur (n.m.); programme de traduction (n.m.)
transmission control character	caractère de commande de transmission (n.m.)
transportable computer; luggable computer; lunchbox computer	ordinateur transportable (n.m.); ordinateur valise (n.m.)
transputer	transordinateur (n.m.)
trap (n.)	déroutement (n.m.)
trash; trashcan	corbeille (n.f.)
trash (v.); delete (v.)	effacer; annuler
trashcan; trash	corbeille (n.f.)

trashing	emballement (n.m.)
travel [keyboard keys]	course (n.f.) [touches du clavier]
tree structure; tree-like structure	structure arborescente (n.f.); arborescence (n.f.)
triple supertwisted nematic; TSTN; triple supertwist nematic	nématique en triple hélice; nématique à triple torsadage
triplet; three-bit byte	triplet (n.m.)
Trojan horse [virus]	cheval de Troie (n.m.) [virus]
trouble shooting	dépannage (n.m.)
True Type font	police True Type (n.f.)
trusted	éprouvé; validé
TSTN; triple supertwist nematic; triple supertwisted nematic	nématique en triple hélice; nématique à triple torsadage
turnaround time; execution time; running time; run time	temps d'exécution (n.m.)
turnkey; turn key	clés en main
tutorial	tutoriel (n.m.)
tweaking [applications]	peaufinage (n.m.); mise au point (n.f.) [applications]
tweaking [computer graphics]	déplacement (n.m.) [infographie]
tweening; in-betweening [computer graphics]	interpolation (n.f.); calcul de formes intermédiaires (n.m.) [infographie]
twisted nematic; TN	nématique en hélice; nématique torsadée; nématique à torsade
two-bit byte; doublet	doublet (n.m.)
two dimensional; 2D	bidimensionnel; 2D
two-way	bidirectionnel

two-way set associative architecture	architecture associative partielle à deux voies (n.f.)
type font; font	police de caractères (n.f.); police (n.f.)
typesetting	composition (n.f.)
type through (n.)	frappe directe (n.f.)

UAM; user authentication method	méthode d'authentification de l'utilisateur (n.f.)
UDF; User Defined Functions	fonctions définies par l'utilisateur (n.f.)
Ultra VGA; UVGA	norme UVGA (n.f.)
undelete	restituer; annuler une suppression
underflow	dépassement de capacité négatif (n.m.)
underscanning; underscan	sous-balayage (n.m.)
undo (n.)	annulation de commande (n.f.)
undo (v.)	supprimer l'effet d'une commande; défaire
unformat	déformater
uninterruptible power supply; UPS	alimentation noninterruptible (n.f.); UPS
unrecoverable error; nonrecoverable error	erreur irréparable (n.f.)
unwritten space	espace non occupé (n.m.)

updating	mise à jour (n.f.)
upgradability	évolutivité (n.f.)
upgradable; ready	évolutif; extensible
upgrade (n.)	mise à niveau (n.f.); extension (n.f.)
upgrade (v.)	mettre à niveau; étendre
uploading	téléchargement amont (n.m.)
uppercase	haut de casse; majuscules
upright; tower; deskside	tour (n.f.); châssis vertical (n.m.)
UPS; uninterruptible power supply	alimentation noninterruptible (n.f.); UPS
upsizing	augmentation (n.f.)
uptime	temps de bon fonctionnement (n.m.)
upward compatibility	compatibilité ascendante (n.f.); compatibilité amont (n.f.)
user	utilisateur (n.m.); usager (n.m.)
user authentication method; UAM	méthode d'authentification de l'utilisateur (n.f.)
user-defined	configuré par l'utilisateur; programmé par l'utilisateur
User Defined Functions; UDF	fonctions définies par l'utilisateur (n.f.)
user-defined key; programmable function key; soft key; soft function key	touche programmable (n.f.); touche de fonction programmable (n.f.)
user friendliness	convivialité (n.f.)
user-friendly	convivial

user group	groupe d'utilisateurs (n.m.)
user interface	interface utilisateur (n.f.)
user-oriented	orienté utilisateur; conçu pour l'utilisateur
user profile	profil d'utilisateur (n.m.); profil d'usager (n.m.) (à éviter)
user program	programme utilisateur (n.m.)
utilities; utility software	utilitaire (n.m.); logiciel utilitaire (n.m.); logiciel de service (n.m.)
utility programme	programme utilitaire (n.m.); programme de service (n.m.)
utility software; utilities	utilitaire (n.m.); logiciel utilitaire (n.m.); logiciel de service (n.m.)
UVGA; Ultra VGA	norme UVGA (n.f.)

vaccine [security]	vaccin (n.m.) [sécurité]
vacuum chamber; vacuum bin; vacuum column; scramble bin	puits à dépression (n.m.); colonne à vide (n.f.)
validity check; validity checking	contrôle de validité (n.m.)
value added network; VAN	réseau à valeur ajoutée (n.m.); RVA
vanilla; off-the-shelf; shrunkwrapped; canned [software]	de série; grand public [logiciels]
vaporware	logiciel fantôme (n.m.); arlésienne (n.f.)

NOTA Qu'on ne voit jamais apparaître. |

95

vaporware	logiciel éphémère (n.m.) NOTA Qui dure peu longtemps.
VDT; visual display terminal	terminal vidéo (n.m.); terminal de visualisation (n.m.)
vector image	image vectorielle (n.f.)
vector processing	traitement vectoriel (n.m.)
vendor	fournisseur (n.m.)
verify after write	vérifier après écriture
vertical scroll box; slider box; elevator; scroll box	ascenseur (n.m.); curseur vertical (n.m.); boîte de défilement vertical (n.f.)
very large-scale integration; VLSI	intégration à très grande échelle (n.f.); VLSI
VESA; Video Electronic Standards Association	norme VESA (n.f.)
VESA Local-Bus; VL-Bus; VLB; Video Local-Bus	bus local VESA (n.m.); BLV; bus local vidéo (n.m.)
VGA; Video Graphics Array	norme VGA (n.f.)
video conference; video conferencing	visioconférence (n.f.); vidéoconférence (n.f.)
Video Electronic Standards Association; VESA	norme VESA (n.f.)
video graphics	graphiques vidéo (n.m.)
Video Graphics Array; VGA	norme VGA (n.f.)
video-in-a-window	vidéo en fenêtre (n.f.)
Video Local-Bus; VESA Local-Bus; VL-Bus; VLB	bus local VESA (n.m.); BLV; bus local vidéo (n.m.)
video memory	mémoire vidéo (n.f.)
video page; screen page	page-écran (n.f.)

videotext	vidéotex (n.m.)
video transfer	transfert vidéo (n.m.)
viewer	visualiseur (n.m.)
view menu	menu de présentation (n.m.)
virtual memory; VM	mémoire virtuelle (n.f.)
Virtual Memory System; VMS	système à mémoire virtuelle (n.m.)
virtual reality; VR; artificial reality; cyberspace	réalité virtuelle (n.f.); RV; réalité artificielle (n.f.); cyberespace (n.m.)
virus; computer virus	virus informatique (n.m.); virus (n.m.)
virus attack	attaque virale (n.f.)
virusware	logiciel contaminé (n.m.)
visual display terminal; VDT	terminal vidéo (n.m.); terminal de visualisation (n.m.)
VL-Bus; VLB; Video Local-Bus; VESA Local-Bus	bus local VESA (n.m.); BLV; bus local vidéo (n.m.)
VLSI; very large-scale integration	intégration à très grande échelle (n.f.); VLSI
VM; virtual memory	mémoire virtuelle (n.f.)
VMS; Virtual Memory System	système à mémoire virtuelle (n.m.)
vocoder	vocodeur (n.m.); codeur vocal (n.m.)
voice (adj.); talking	vocal
voice-activated; voice-controlled	à commande vocale
voice command; voice control	commande vocale (n.f.)
voice-controlled; voice-activated	à commande vocale

voice mail	messagerie vocale (n.f.); courrier vocal (n.m.); audiomessagerie (n.f.)
voice recognition; VR	reconnaissance vocale (n.f.)
volatile	non rémanent
VR; artificial reality; cyberspace; virtual reality	réalité virtuelle (n.f.); RV; réalité artificielle (n.f.); cyberespace (n.m.)
VR; voice recognition	reconnaissance vocale (n.f.)

W

waiting time; latency	temps d'attente (n.m.)
wait state	état d'attente (n.m.)
wakeup; wake-up	activation (n.f.); réveil (n.m.)
walk through; walkthrough; telepresence [virtual reality]	immersion (n.f.); téléprésence (n.f.) [réalité virtuelle]
WAN; Wide Area Network	réseau longue portée (n.m.); grand réseau (n.m.)
wand reader	crayon lecteur (n.m.)
warm start; hot start; warm boot	démarrage à chaud (n.m.)
watchdog	chien de garde (n.m.)
wetware [artificial intelligence]	matériel biologique (n.m.) [intelligence artificielle]
What You Print Is What You Fax; WYPIWYF	tel imprimé, tel télécopié
What You See Before You Get It; WYSBYGI	tel écran, tel obtenu

What You See Is What You Fax; WYSIWYF	tel écran, tel télécopié
What You See Is What You Get; WYSIWYG	tel écran, tel écrit; tel-tel
Wide Area Network; WAN	réseau longue portée (n.m.); grand réseau (n.m.)
widow; widow line [word processing]	ligne boiteuse (n.f.) [traitement de texte]
wildcard character; global character; joker; wildcard	métacaractère (n.m.); caractère de remplacement (n.m.); joker (n.m.)
WIMP interface; window icon mouse pull-down menu	interface graphique-souris (n.f.); interface WIMP (n.f.)
window	fenêtre (n.f.)
window icon mouse pull-down menu; WIMP interface	interface graphique-souris (n.f.); interface WIMP (n.f.)
windowing	fenêtrage (n.m.)
wireframe drawing; wireframe	fil de fer (n.m.); squelette de fil de fer (n.m.)
wireless modem; radio modem; cordless modem	modem sans fil (n.m.)
WOOD; write-once optical disk	disque optique numérique inscriptible (n.m.); DON inscriptible (n.m.)
word length; word size	longueur de mot (n.f.)
word processing; WP	traitement de texte (n.m.)
word-processing software	logiciel de traitement de texte (n.m.)
word-processing system; word processor; WP	système de traitement de texte (n.m.)
word size; word length	longueur de mot (n.f.)

workaround	truc (n.m.); solution de rechange (n.f.)
work file; scratch file	fichier de travail (n.m.)
workspace	espace de travail (n.m.)
work station; WS; workstation	poste de travail (n.m.); station de travail (n.f.)
world view; environment world view	vision du monde (n.f.)
worm [security]	ver (n.m.); programme-ver (n.m.); asticot (n.m.) [sécurité]
WORM; Write Once Read Many	WORM; disque à écriture unique (n.m.)
WP; word processing	traitement de texte (n.m.)
WP; word-processing system; word processor	système de traitement de texte (n.m.)
wraparound; wrap	bouclage (n.m.); renouement (n.m.)
wrist pad; wrist rest; wrist cushion	appui-poignets (n.m.)
writable optical disk	disque optique inscriptible (n.m.)
write back (n.)	écriture différée (n.f.)
write enable ring; write ring; write permit ring	bague d'autorisation d'écriture (n.f.)
write-once optical disk; WOOD	disque optique numérique inscriptible (n.m.); DON inscriptible (n.m.)
Write Once Read Many; WORM	WORM; disque à écriture unique (n.m.)
write permit ring; write enable ring; write ring	bague d'autorisation d'écriture (n.f.)

write protect notch	encoche de protection d'écriture (n.f.)
write ring; write permit ring; write enable ring	bague d'autorisation d'écriture (n.f.)
written space	espace occupé (n.m.)
WS; workstation; work station	poste de travail (n.m.); station de travail (n.f.)
WYPIWYF; What You Print Is What You Fax	tel imprimé, tel télécopié
WYSBYGI; What You See Before You Get It	tel écran, tel obtenu
WYSIWYF; What You See Is What You Fax	tel écran, tel télécopié
WYSIWYG; What You See Is What You Get	tel écran, tel écrit; tel-tel

XGA; Extended Graphics Array	norme XGA (n.f.)
Xmodem	Xmodem (n.m.)
XT computer	ordinateur XT (n.m.)
X window	fenêtre longitudinale (n.f.)

Ymodem	Ymodem (n.m.)

Z

zero wait; zero wait state; 0WS

état d'attente nul (n.m.); sans état d'attente

zig-zag folding paper; fanfold paper

papier à pliage accordéon (n.m.)

Zmodem

Zmodem (n.m.)

Lexique français-anglais / French-English Glossary

accès à califourchon (n.m.) [sécurité]	piggyback access [security]
accès direct à la mémoire (n.m.)	direct memory access; DMA
accès séquentiel (n.m.)	sequential access; serial access
accumulateur à hydrure métallique de nickel (n.m.); accumulateur NiMH (n.m.)	nickel metal hydride battery; NiMH battery
accumulateur aux ions de lithium (n.m.)	Lithium-Ion battery; Li-Ion battery
accumulateur NiMH (n.m.); accumulateur à hydrure métallique de nickel (n.m.)	nickel metal hydride battery; NiMH battery
ACL ferro-électriques (n.m.); affichage à cristaux liquides ferro-électriques (n.m.)	FELCD; ferro-electric liquid crystal display; FLCD
ACL rétroréfléchissant (n.m.)	reflective LCD
à commandes; piloté par commandes	command driven
à commande vocale	voice-activated; voice-controlled
activation (n.f.)	activation
activation (n.f.); réveil (n.m.)	wakeup; wake-up
Ada (n.m.)	Ada
adaptateur (n.m.); carte (n.f.) [spécifique]	adapter
adjonction (n.f.); annexion (n.f.)	append (n.)

adressage calculé (n.m.)	hashing; hash coding
adressage direct (n.m.)	direct addressing
adresse absolue (n.f.)	absolute address
aérographe (n.m.)	airbrush
à faible densité [disques]	low-density [disks]
affectation implicite (n.f.)	default assignment
affichage (n.m.); visualisation (n.f.)	display (n.)
affichage à cristaux liquides à matrice active (n.m.)	AMLCD; active matrix liquid crystal display
affichage à cristaux liquides ferro-électriques (n.m.); ACL ferro-électriques (n.m.)	FELCD; ferro-electric liquid crystal display; FLCD
affichage couleur (n.m.)	colour display
affichage couleur à matrice active (n.m.)	active matrix colour display
affichage en négatif (n.m.); vidéo inversée (n.f.)	reverse video; inverse video
affichage monochrome (n.m.)	monochrome display
affichage noir et blanc (n.m.)	black and white display
affichage transistors en couches minces (n.m.)	TFT display; thin film transistor display
afficheur (n.m.); visuel (n.m.)	display device
agenda électronique (n.m.); organiseur (n.m.)	organizer; electronic organizer
aide (n.f.); assistance (n.f.)	help
aide contextuelle (n.f.)	context-sensitive help
aide en ligne (n.f.)	online help

aléatoire	random
à l'écran	on-screen
à l'extérieur; hors place	off-site
algorithme (n.m.)	algorithm
alignement horizontal non voulu (n.m.)	tombstoning
alimentateur feuille à feuille (n.m.)	sheet feeder
alimentation en feuilles (n.f.)	sheet feed
alimentation en papier (n.f.)	form feed
alimentation noninterruptible (n.f.); UPS	uninterruptible power supply; UPS
allocation de fichiers (n.f.)	file allocation
alphabétiforme	letterform
alphanumérique	alphanumeric; alphameric
Alt; touche à double fonction (n.f.); touche Alt (n.f.)	alternate key; Alt key; AltCar key; Alt
amélioré	enhanced
à menus; piloté par menu	menu-based; menu-driven
amodal	modaless; modeless
amorçable; de démarrage	bootable
amorçage (n.m.); initialisation (n.f.)	bootstrapping; booting up; boot-up (n.)
amorce (n.f.)	bootstrap (n.)
analogique	analog; analogue
analyse syntaxique (n.f.); parsage (n.m.)	parsing; syntax analysis

analyste (n.é.)	analyst
analyste fonctionnel (n.m.)	systems analyst
analyste organique (n.m.)	systems designer
ancrable	dockable
animation électronique (n.f.)	animatronics
animation par ordinateur (n.f.); animatique (n.f.)	computer-aided animation; computer animation
anneau à jeton (n.m.)	token ring; token passing ring
annexe; auxiliaire	ancillary; auxiliary
annexion (n.f.); adjonction (n.f.)	append (n.)
annuaire (n.m.)	directory
annulation de commande (n.f.)	undo (n.)
annuler; effacer	delete (v.); trash (v.)
annuler une suppression; restituer	undelete
antémémoire (n.f.); mémoire cache (n.f.)	cache (n.); cache memory
antémémorisable	cacheable
antémémorisation (n.f.); mise en antémémoire (n.f.)	caching
anticrénelage (n.m.)	anti-aliasing
antivirus	anti-virus; antiviral
à partir d'un moment précis	time specific
API; interface API (n.f.); interface de programme d'application (n.f.)	Application Program Interface; API
apparence et confort d'utilisation	look and feel

applicatif (n.m.) [France]; logiciel d'application (n.m.)	application software
application injective (n.f.); injection (n.f.)	one-to-one mapping; injective mapping
apprentissage automatique (n.m.)	machine learning
appui (n.m.); soutien (n.m.)	support (n.)
appui-poignets (n.m.)	wrist pad; wrist rest; wrist cushion
à propos de	about
arborescence (n.f.); structure arborescente (n.f.)	tree-like structure; tree structure
architecture associative partielle à deux voies (n.f.)	two-way set associative architecture
architecture de réseau (n.f.)	network architecture
architecture de systèmes ouverts (n.f.)	Open Systems Architecture; OSA
architecture d'ordinateur (n.f.); architecture machine (n.f.)	computer architecture
architecture en couches (n.f.)	layered architecture
architecture évolutive (n.f.); architecture scalaire (n.f.)	scalable architecture; scalar architecture
architecture machine (n.f.); architecture d'ordinateur (n.f.)	computer architecture
architecture MCA (n.f.)	MCA; Micro Channel Architecture
architecture MGA (n.f.)	MGA; Multimedia Graphics Architecture
architecture scalaire (n.f.); architecture évolutive (n.f.)	scalable architecture; scalar architecture
architecture superscalaire (n.f.)	superscale architecture; superscalar architecture

archivage (n.m.)	archiving; archival storage
ardoise électronique (n.f.); ordinateur à stylet (n.m.); ordinateur stylo (n.m.)	pen computer; pen-based computer; notepad
arlésienne (n.f.); logiciel fantôme (n.m.)	vaporware
arrêt (n.m.)	shutdown
arrière-plan (n.m.) [Windows®]	background [Windows®]
ascenseur (n.m.); curseur vertical (n.m.); boîte de défilement vertical (n.f.)	slider box; elevator; scroll box; vertical scroll box
à sécurité intégrée	failsafe
assembleur (n.m.); programme d'assemblage (n.m.)	assembler
assistance (n.f.); aide (n.f.)	help
assistant numérique personnel (n.m.)	PDA; personal digital assistant
assisté par ordinateur	computer-aided; computer-assisted
asticot (n.m.); ver (n.m.); programme-ver (n.m.) [sécurité]	worm [security]
asynchrone	asynchronous
attaque virale (n.f.)	virus attack
Atteindre [logiciels à fenêtres]	GO TO [window software]
attente (n.f.); hibernation (n.f.); veille (n.f.)	sleep mode; sleep
audiomessagerie (n.f.); messagerie vocale (n.f.); courrier vocal (n.m.)	voice mail
augmentation (n.f.)	upsizing
au niveau du bit	bitwise

auteur (n.é.); expéditeur (n.é.)	sender; originator
authentification (n.f.)	authentication
automatisation (n.f.)	automation
automatisé	automated
autonome	stand-alone
autonome; hors ligne	off-line; offline
autoroute électronique (n.f.); autoroute informatique (n.f.)	data highway; info highway; information highway; information freeway; information superhighway; electronic highway
auxiliaire; annexe	ancillary; auxiliary
avance de ligne (n.f.); changement de ligne (n.m.)	line feed; LF
avant-plan (n.m.)	foreground

B

babillard électronique (n.m.) [Canada]; tableau d'affichage électronique (n.m.)	BBS; Bulletin Board System; electronic BBS
bagage informatique (n.m.); culture informatique (n.f.); infoculture (n.f.)	computer literacy
bague d'autorisation d'écriture (n.f.)	write enable ring; write ring; write permit ring
bague de sécurité (n.f.)	safety ring
baie (n.f.); bâti (n.m.)	rack
balayable; survolable	browsable

balayage (n.m.); survol (n.m.)	browsing; browse
balayage (n.m.); lecture (n.f.); scan (n.m.) (à éviter)	scanning; scan (n.)
balayage cavalier (n.m.)	directed-beam scan
balayage double (n.m.); double balayage (n.m.)	dual scan; double scan
balayage ligne par ligne (n.m.); balayage trame (n.m.)	raster scan
balayer; explorer; scanner (à éviter)	scan (v.)
banc d'essai (n.m.); test d'évaluation des performances (n.m.)	benchmark test; test bench; test bed
bande magnétique (n.f.); BM	magnetic tape; MT
bandothèque (n.f.)	tape library
banque de données (n.f.)	data bank; database repository
barre de boutons (n.f.)	button bar
barre de défilement (n.f.)	scroll bar
barre de mise en évidence (n.f.); barre de surbrillance (n.f.)	highlighter bar
barre d'outils (n.f.)	toolbar
barrette SIMM (n.f.); module SIMM (n.m.); module de mémoire à simple rangée de connexions (n.m.)	single inline memory module; SIMM
bascule (n.f.)	flip-flop
bas de casse; minuscules	lowercase
base de données (n.f.)	database; data base; DB
base de données en réseau (n.f.)	network data base

base de données relationnelles (n.f.); BDR	RDB; relational database
base de données réparties (n.f.)	distributed data base; DDB
base de numération (n.f.)	radix
BASIC (n.m.)	BASIC (n.)
bâti (n.m.); baie (n.f.)	rack
BDR; base de données relationnelles (n.f.)	RDB; relational database
bibliothèque système (n.f.); ordinothèque (n.f.)	system library
bidimensionnel; 2D	2D; two dimensional
bidirectionnel	two-way
bidouilleur (n.m.) [jargon]; mordu de l'informatique (n.m.)	hacker
BIOS; système d'entrées/sorties de base (n.m.)	BIOS; basic input/output system
bit (n.m.)	binary digit; bit
bit à un	Not Bit Clear; NotBic
bit d'arrêt (n.m.)	stop bit
bit de contrôle (n.m.)	check bit
bit de poids faible (n.m.)	least significant bit; LSB
bit de poids fort (n.m.)	most significant bit; MSB
bit de signe (n.m.)	sign bit
bit d'état (n.m.)	status bit
bits par seconde (n.m.); BPS	bits per second; BPS
blocage du système (n.m.); incident (n.m.)	system crash

bloc-notes (n.m.); ordinateur bloc-notes (n.m.)	notebook; notebook computer
BLV; bus local vidéo (n.m.); bus local VESA (n.m.)	VESA Local-Bus; VL-Bus; VLB; Video Local-Bus
BM; bande magnétique (n.f.)	magnetic tape; MT
bogue (n.f.)	bug
boîte à outils (n.f.)	tool box; tool kit
boîte aux lettres (n.f.)	mailbox
boîte de défilement vertical (n.f.); ascenseur (n.m.); curseur vertical (n.m.)	slider box; elevator; scroll box; vertical scroll box
boîte noire (n.f.)	black box
bombe logique (n.f.)	soft bomb; logic bomb
borne interactive (n.f.)	kiosk
bouclage (n.m.); renouement (n.m.)	wrap; wraparound
boucle (n.f.)	loop (n.)
boucle d'itération (n.f.)	iteration loop
boucle emboîtée (n.f.); boucle imbriquée (n.f.)	nested loop
boucle fermée (n.f.)	closed loop
boucle imbriquée (n.f.); boucle emboîtée (n.f.)	nested loop
boule de commande (n.f.); boule roulante (n.f.)	trackball; rolling ball
bouton radio (n.m.)	radio button
BPS; bits par seconde (n.m.)	bits per second; BPS

branchez et ça marche; prêt à l'emploi; prêt à utiliser; branchez et jouez	plug-and-go; plug-and-play
bras manipulateur (n.m.)	robotic arm
brouillage (n.m.)	scrambling
bufférisation (n.f.) (à éviter); mise en tampon (n.f.); tamponnage (n.m.)	buffering
bufférisé (à éviter); tamponné	buffered
bulle (n.f.)	balloon
bulle d'aide (n.f.)	help balloon
bureau mobile (n.m.)	mobile office
bureautique (n.f.)	office automation
bus (n.m.)	bus
bus d'adresse (n.m.)	address bus
bus de données (n.m.)	data bus
bus local (n.m.)	local bus
bus local VESA (n.m.); BLV; bus local vidéo (n.m.)	VESA Local-Bus; VL-Bus; VLB; Video Local-Bus

C

cache de clavier (n.m.); cache (n.m.)	keyboard overlay; overlay (n.)
calcul (n.m.)	computation
calculateur (n.m.)	computer (n.)

calcul de formes intermédiaires (n.m.); interpolation (n.f.) [infographie]	tweening; in-betweening [computer graphics]
CAN; convertisseur analogique-numérique (n.m.)	ADC; analog-to-digital converter
CAO; conception assistée par ordinateur (n.f.)	CAD; computer-assisted design; computer-aided design
CAO-CFAO (n.f.); CFAO (n.f.)	CADCAM
capacité de soutien (n.f.); soutenabilité (n.f.)	supportability
capacité de stockage (n.f.)	storage capacity; storage capability
capteur (n.m.); senseur (n.m.) (à éviter)	sensor
caractère de commande (n.m.)	control character
caractère de commande de transmission (n.m.)	transmission control character
caractère de remplacement (n.m.); joker (n.m.); métacaractère (n.m.)	wildcard; wildcard character; global character; joker
caractère interdit (n.m.)	illegal character
caractères par seconde (n.m.); CPS	characters per second; CPS
carte (n.f.) [spécifique]; adaptateur (n.m.)	adapter
carte accélératrice (n.f.); carte d'accélération (n.f.)	accelerator card; accelerator board; acceleration card
carte à circuits intégrés (n.f.)	integrated circuit card; ICC
carte à insérer (n.f.); carte enfichable (n.f.)	plug-in card
carte à mémoire (n.f.); carte flash (n.f.)	flash card; credit card style memory card; memory card
carte à mémoire optique (n.f.)	optical memory card; OMC

carte à puce (n.f.)	smart card; chip card
carte d'accélération (n.f.); carte accélératrice (n.f.)	accelerator card; accelerator board; acceleration card
carte d'affichage (n.f.)	display card
carte d'émulation (n.f.)	emulation board
carte de sonorisation (n.f.); carte son (n.f.); carte sonore (n.f.)	sound board; sound card
carte enfichable (n.f.); carte à insérer (n.f.)	plug-in card
carte expérimentale (n.f.); montage expérimental (n.m.)	breadboard construction
carte-fille (n.f.)	daughterboard
carte flash (n.f.); carte à mémoire (n.f.)	flash card; credit card style memory card; memory card
carte graphique (n.f.)	graphics card
carte mémoire (n.f.)	memory board
carte-mère (n.f.)	motherboard
carte multifonctions (n.f.)	multifunction board
carte NuBus (n.f.)	NuBus card
carte sonore (n.f.); carte de sonorisation (n.f.); carte son (n.f.)	sound board; sound card
cartouche de bande (n.f.)	tape cartridge
case de réception (n.f.); case (n.f.)	stacker
CD-ROM; disque compact à mémoire morte (n.m.); disque compact-ROM (n.m.)	CD-ROM; compact disk read-only memory
CÉ; courrier électronique (n.m.)	electronic mail; E-mail; EMail
centre de télétravail (n.m.)	telecottage

certifieur de bande magnétique (n.m.)	magnetic tape certifier
CFAO (n.f.); CAO-CFAO (n.f.)	CADCAM
chaînage (n.m.); concaténation (n.f.); enchaînement (n.m.)	concatenation
chaîne binaire (n.f.)	bit string
chaîne de caractères (n.f.)	character string
champ adresse (n.m.)	address field
changement de ligne (n.m.); avance de ligne (n.f.)	line feed; LF
changement de page (n.m.); saut de page (n.m.)	page break
changement rapide (n.m.) [accumulateur]	hot swap; quick swap [battery]
changer d'application par touche directe	hot key from app to app (v.) [computerese]
chargement manuel (n.m.)	manual loading; manloading
chargeur (n.m.)	disk pack
chargeur (n.m.); programme de chargement (n.m.)	loader
chargeur multidisque (n.m.); jukebox de CD-ROM (n.m.)	CD-ROM jukebox; jukebox
châssis vertical (n.m.); tour (n.f.)	tower; deskside; upright
cheval de Troie (n.m.) [virus]	Trojan horse [virus]
chien de garde (n.m.)	watchdog
chiffrement (n.m.)	encryption; ciphering
ciblé; critique	mission-critical

circuit intégré (n.m.)	jelly bean [computerese]; integrated circuit
classement par ordre de priorité (n.m.)	prioritizing
clavier (n.m.)	keyboard (n.)
clavier ajustable (n.m.)	split keyboard
clavier amovible (n.m.)	detachable keyboard; removable keyboard
clavier bilingue (n.m.)	bilingual keyboard
clavier étendu (n.m.)	extended keyboard
clavier numérique (n.m.); pavé numérique (n.m.)	numeric keypad; numeric pad; keypad
clés en main	turn key; turnkey
clic (n.m.)	clic (n.)
cliché d'autopsie (n.m.)	postmortem dump
cliché-mémoire (n.m.); listage de la mémoire (n.m.)	memory dump
clicher; vider [mémoire]	dump (v.); flush (v.) [memory]
client-serveur	client-server
cliquage double (n.m.); double clic (n.m.); double cliquage (n.m.)	double click (n.)
cliquer	clic (v.)
cliquer deux fois; double cliquer (à éviter)	double click (v.)
clone (n.m.)	clone
clore; mettre fin à la communication	sign off (v.); sign out (v.)

CNA; convertisseur numérique-
analogique (n.m.)

DAC; digital-to-analog converter

codage (n.m.)

coding

codage de détection et de
correction d'erreurs (n.m.)

cross-coding

code à barres (n.m.)

bar code (n.)

code alphabétique (n.m.)

alphabetic code

code ASCII (n.m.)

American Standard Code for
Information Interchange; ASCII

code binaire (n.m.)

binary code

codec (n.m.); codeur-
décodeur (n.m.)

codec; coder-decoder

code correcteur d'erreurs (n.m.)

ECC; error-correcting code; error
correction code

code détecteur d'erreurs (n.m.)

error-detecting code; self-checking
code; error-detection code; EDC

code EBCDIC (n.m.)

EBCDIC; extended binary-coded
decimal interchange code

code numérique (n.m.)

numeric code

codet (n.m.)

code element

codeur-décodeur (n.m.); codec
(n.m.)

codec; coder-decoder

codeur vocal (n.m.); vocodeur
(n.m.)

vocoder

coeur (n.m.); noyau (n.m.)

kernel; kernal

cogniticiel (n.m.)

knowledgeware

cogniticien (n.m.)

knowledge engineer

cognitique (n.f.); génie
cognitif (n.m.)

knowledge engineering

collationnement (n.m.)	collation
collecte de données (n.f.)	data collection
collecticiel (n.m.); logiciel de groupe (n.m.)	groupware
colonne à vide (n.f.); puits à dépression (n.m.)	scramble bin; vacuum chamber; vacuum bin; vacuum column
combinaison électronique (n.f.); costume numérique (n.m.); costume de données (n.m.) [réalité virtuelle]	data suit [virtual reality]
commande (n.f.)	control (n.)
commande de processus (n.f.)	process control
commande gestuelle (n.f.)	gesture command; gestural command
commande intégrée (n.f.)	embedded command; imbedded command
commandé par ordinateur; piloté par ordinateur	computer-operated
commande vocale (n.f.)	voice command; voice control
communication de données (n.f.)	data communication
commutation vidéo (n.f.)	flip screen
compactage (n.m.); réduction (n.f.)	downsizing
compatibilité (n.f.)	compatibility
compatibilité amont (n.f.); compatibilité ascendante (n.f.)	upward compatibility
compatibilité avale (n.f.); compatibilité descendante (n.f.)	downward compatibility
compilateur (n.m.); programme de compilation (n.m.)	compiler

compilation croisée (n.f.)	cross compiling
complémentaire; d'extension	add-on
composition (n.f.)	typesetting
compression (n.f.)	compaction
compression de données (n.f.)	data compression; compression of data
compteur d'instructions (n.m.)	control register
computationnel; par ordinateur; informatisé	computational
concaténation (n.f.); enchaînement (n.m.); chaînage (n.m.)	concatenation
concentrateur (n.m.)	concentrator
conception ascendante (n.f.); conception de bas en haut (n.f.)	bottom-up design
conception assistée par ordinateur (n.f.); CAO	CAD; computer-assisted design; computer-aided design
conception de bas en haut (n.f.); conception ascendante (n.f.)	bottom-up design
conception descendante (n.f.); conception de haut en bas (n.f.)	top-down design
conçu pour l'utilisateur; orienté utilisateur	user-oriented
conférence audiographique (n.f.)	audiographic conferencing
conférence informatique (n.f.)	computer conferencing
confidentialité (n.f.)	privacy
configuration (n.f.) [matérielle ou logicielle]	mapping (n.) [hardware or software]
configuration nécessaire (n.f.)	system requirements

configuré par l'utilisateur; programmé par l'utilisateur	user-defined
conflit (n.m.); encombrement (n.m.)	contention
connectabilité (n.f.); connexité (n.f.)	connecting; connectivity
connecteur d'extension (n.m.); emplacement de carte (n.m.); fente d'extension (n.f.)	expansion slot
connexion (n.f.)	connection
connexité (n.f.); connectabilité (n.f.)	connecting; connectivity
consultation (n.f.); recherche (n.f.)	lookup (n.)
contraste élevé	high contrast
contrôle (n.m.)	control (n.)
contrôle d'accès (n.m.)	access control
contrôle d'accès système (n.m.)	system access control
contrôle de disponibilité avant appel (n.m.)	preflighting
contrôle de parité (n.m.); vérification de parité (n.f.)	parity check
contrôle de validité (n.m.)	validity check; validity checking
contrôle de vraisemblance (n.m.)	reasonableness check
contrôle d'exécution (n.m.); vérification à l'exécution (n.f.)	run-time check
contrôle d'intégrité (n.m.)	integrity check
contrôle par redondance (n.m.)	redundancy check
contrôle par redondance cyclique (n.m.)	CRC; cyclic redundancy check

contrôleur de disques (n.m.)	disk controller
conversion de code (n.f.); transcodage (n.m.)	code conversion; transcoding
convertisseur analogique- numérique (n.m.); CAN	ADC; analog-to-digital converter
convertisseur numérique- analogique (n.m.); CNA	DAC; digital-to-analog converter
convertisseur série/parallèle (n.m.)	deserializer; staticizer; serial-to-parallel converter
convivial	user-friendly
convivialité (n.f.)	user friendliness
convolutionner	convolve
copie d'écran (n.f.); impression d'écran (n.f.)	screen print; screen dump; screen capture
copie de sécurité (n.f.); copie de sauvegarde (n.f.)	security copy; backup copy; backup
copie écran (n.f.)	screen copy; soft copy
copie papier (n.f.); imprimé (n.m.)	hard copy
copier-coller	copy and paste
coprocesseur (n.m.)	coprocessor
coprocesseur mathématique (n.m.)	math coprocessor
coquille (n.f.); système essentiel (n.m.)	shell; shell system
corbeille (n.f.)	trashcan; trash
corbeille d'arrivée (n.f.) [courrier électronique]	in-basket [electronic mail]
corbeille de sortie (n.f.) [courrier électronique]	out-basket [electronic mail]

correcteur grammatical (n.m.)	grammar checker
costume de données (n.m.); combinaison électronique (n.f.); costume numérique (n.m.) [réalité virtuelle]	data suit [virtual reality]
cotraitement (n.m.)	coprocessing
coupé-collé (n.m.); découpé-collé (n.m.)	cut and paste (n.)
couper-coller; découper-coller	cut and paste (v.)
coupleur acoustique (n.m.)	acoustic coupler
courrier électronique (n.m.); CÉ	electronic mail; E-mail; EMail
courrier vocal (n.m.); audiomessagerie (n.f.); messagerie vocale (n.f.)	voice mail
course (n.f.) [touches du clavier]	travel [keyboard keys]
CPS; caractères par seconde (n.m.)	characters per second; CPS
crayon lecteur (n.m.)	wand reader
crayon lecteur (n.m.); stylet (n.m.); photostyle (n.m.)	light pen; light sensor; pen
crénage (n.m.) [caractères]	kerning [characters]
crénelage (n.m.)	aliasing
critique; ciblé	mission-critical
cryptographie (n.f.)	cryptography
Ctrl; touche de service (n.f.); touche contrôle (n.f.); touche de commande (n.f.)	control key; Ctrl key; Ctrl
culture informatique (n.f.); infoculture (n.f.); bagage informatique (n.m.)	computer literacy

123

curseur (n.m.)	cursor
curseur repère (n.m.); curseur d'échelle (n.m.)	ghost cursor; shadow cursor; scale cursor
curseur vertical (n.m.); boîte de défilement vertical (n.f.); ascenseur (n.m.)	slider box; elevator; scroll box; vertical scroll box
cyberespace (n.m.); réalité virtuelle (n.f.); RV; réalité artificielle (n.f.)	virtual reality; VR; artificial reality; cyberspace
cybernétique (n.f.)	cybernetics
cycle de vie (n.m.)	life cycle

d'avant-garde; de technologie récente; de pointe	state-of-the-art
DC; disque compact (n.m.)	compact disk; CD
DC photo (n.m.); disque compact photo (n.m.)	photo CD; photo compact disk
débit binaire (n.m.)	bit rate
débit en bauds (n.m.)	baud rate
débogage (n.m.); mise au point (n.f.)	debugging; corrective maintenance
déboguer; mettre au point	debug
décalage (n.m.)	shifting
décalage (n.m.)	indentation
décalé; en drapeau	ragged

déchiffrement (n.m.)	decryption
découpage du temps (n.m.)	time slicing
découpé-collé (n.m.); coupé-collé (n.m.)	cut and paste (n.)
découper-coller; couper-coller	cut and paste (v.)
décrément (n.m.)	decrement (n.)
décrémenter	decrement (v.)
décrémentiel	decremental
de démarrage; amorçable	bootable
défaillance (n.f.)	failure
défaire; supprimer l'effet d'une commande	undo (v.)
défilement (n.m.)	scrolling
défilement horizontal (n.m.) [animation de texte]	crawl (n.) [text animation]
déformater	unformat
défragmentation (n.f.)	defragmentation; defrag
d'égal à égal	peer-to-peer
délimiteur (n.m.)	separator
délit informatique (n.m.); fraude informatique (n.f.)	computer crime; computer fraud
démarrage (n.m.)	startup
démarrage à chaud (n.m.)	hot start; warm boot; warm start
démarrage à froid (n.m.)	cold start; cold boot
démon (n.m.); programme fantôme (n.m.)	daemon; demon

125

dénormaliser	denormalize
densité d'enregistrement (n.f.)	data density; recording density; packing density
dépannage (n.m.)	trouble shooting
dépassement de capacité négatif (n.m.)	underflow
dépassement de capacité positif (n.m.)	overflow
déplacement (n.m.) [infographie]	tweaking [computer graphics]
de pointe; d'avant-garde; de technologie récente	state-of-the-art
dernier entré, premier sorti (n.m.)	last in, first out; LIFO
dérouleur de bande magnétique (n.m.)	magnetic tape unit; MTU
dérouleur en continu (n.m.); dévideur (n.m.)	streamer; streaming tape drive; streaming tape transport
déroutement (n.m.)	trap (n.)
désaffecter; libérer	deallocate
descripteur (n.m.)	descriptor
désencombrement (n.m.); nettoyage (n.m.)	declutter; decluttering
de série; grand public [logiciels]	off-the-shelf; shrunkwrapped; canned; vanilla [software]
dessins pour collage (n.m.); dessins libres de droits (n.m.)	clip art
destinataire (n.é.)	receiver; recipient
de technologie récente; de pointe; d'avant-garde	state-of-the-art
détection d'erreurs (n.f.)	error detection

2D; bidimensionnel	2D; two dimensional
développement de système (n.m.)	system development
dévideur (n.m.); dérouleur en continu (n.m.)	streamer; streaming tape drive; streaming tape transport
d'extension; complémentaire	add-on
DFDD; Double Face, Double Densité	Double Sided/Double Density; DS/DD
DFHD; Double Face, Haute Densité	Double Sided/High Density; DS/HD
DFSD; Double Face, Simple Densité	Double Sided/Single Density; DS/SD
dictionnaire orthographique (n.m.)	spelling dictionary
didacticiel (n.m.)	courseware; teachware; educational software; lessonware; learningware
didacticiel récréatif (n.m.)	edutainment software
digital (à éviter); numérique	digital
disparition du déroulement (n.f.) [menus]	popdown [menus]
dispositif à couplage de charge (n.m.)	CCD; charge-coupled device
dispositif d'amélioration (n.m.)	enhancer
dispositif d'entraînement de disque (n.m.); entraînement de disque (n.m.)	disk drive
dispositif de pointage (n.m.)	pointing device
disque (n.m.)	disk
disque à écriture unique (n.m.); WORM	WORM; Write Once Read Many

disque compact (n.m.); DC	compact disk; CD
disque compact à mémoire morte (n.m.); disque compact-ROM (n.m.); CD-ROM	CD-ROM; compact disk read-only memory
disque compact interactif (n.m.)	CD-I; compact disk-interactive
disque compact photo (n.m.); DC photo (n.m.)	photo CD; photo compact disk
disque compact-ROM (n.m.); CD-ROM; disque compact à mémoire morte (n.m.)	CD-ROM; compact disk read-only memory
disque dur (n.m.); disque rigide (n.m.) (à éviter)	hard disk
disque laser (n.m.)	laser disk
disque optique inscriptible (n.m.)	writable optical disk
disque optique numérique (n.m.); DON	digital optical disk; optical digital disk
disque optique numérique inscriptible (n.m.); DON inscriptible (n.m.)	write-once optical disk; WOOD
disque optique réinscriptible (n.m.)	recordable optical disk; rewritable optical disk; erasable optical disk
disque rigide (n.m.) (à éviter); disque dur (n.m.)	hard disk
disquette (n.f.); disque souple (n.m.)	flexible disk; floppy disk; floppy; diskette
disquette optique (n.f.)	floptical disk; floptical (n.)
document informatisé (n.m.) [Échange de Données Informatisé]	transaction set [Electronic Data Interchange]
domotique (n.f.)	house automation; home automation; HA

DON; disque optique numérique (n.m.)	digital optical disk; optical digital disk
DON inscriptible (n.m.); disque optique numérique inscriptible (n.m.)	write-once optical disk; WOOD
données (n.f.)	data
données binaires (n.f.)	binary data
données brutes (n.f.)	raw data
données sensibles (n.f.); données critiques (n.f.)	sensitive data; critical data
DOS; système d'exploitation à disques (n.m.)	disk operating system; DOS
DOS-SHELL (n.m.)	DOS-SHELL
double balayage (n.m.); balayage double (n.m.)	dual scan; double scan
double clic (n.m.); double cliquage (n.m.); cliquage double (n.m.)	double click (n.)
double cliquer (à éviter); cliquer deux fois	double click (v.)
Double Face, Double Densité; DFDD	Double Sided/Double Density; DS/DD
Double Face, Haute Densité; DFHD	Double Sided/High Density; DS/HD
Double Face, Simple Densité; DFSD	Double Sided/Single Density; DS/SD
doublet (n.m.)	doublet; two-bit byte
DPI; points par pouce (n.m.)	DPI; Dots Per Inch
drapeau (n.m.)	flag; sentinel
duplexage (n.m.)	duplexing

duplex intégral

full-duplex

échange (n.m.)	interchange
échange (n.m.); permutation (n.f.)	swapping
Échange de Données Informatisé; EDI	EDI; Electronic Data Interchange
Échange de données informatisé pour l'administration, le commerce et les transports; EDIFACT	EDIFACT; Electronic Data Interchange for Administration, Commerce and Transport
échange dynamique de données (n.m.)	Dynamic Data Exchange; DDE
Échappement (n.m.); touche d'échappement (n.f.)	escape key; Esc Key; Esc
échelle de gris (n.f.); gamme de gris (n.f.)	gray scale; grey scale
économiseur d'écran (n.m.); interlude (n.m.)	screen saver
économiseur d'énergie	energy smart
écran (n.m.)	screen (n.)
écran à affichage à cristaux liquides (n.m.); écran ACL (n.m.)	LCD screen; liquid crystal display screen
écran à éclairage périphérique (n.m.); écran éclairé latéralement (n.m.)	edgelit screen; sidelit screen
écran à matrice active (n.m.)	active matrix screen
écran à matrice passive (n.m.)	passive matrix screen

écran à plasma (n.m.); écran au plasma (n.m.)	plasma screen; gas plasma screen
écran à rétroéclairage (n.m.); écran rétroéclairé (n.m.)	backlit screen
écran au plasma (n.m.); écran à plasma (n.m.)	plasma screen; gas plasma screen
écran d'édition graphique (n.m.)	graphical editing screen
écran divisé (n.m.); écran partagé (n.m.)	split-screen
écran éclairé latéralement (n.m.); écran à éclairage périphérique (n.m.)	edgelit screen; sidelit screen
écran partagé (n.m.); écran divisé (n.m.)	split-screen
écran plat (n.m.)	flat screen
écran rétroéclairé (n.m.); écran à rétroéclairage (n.m.)	backlit screen
écran tactile (n.m.)	touch screen; touch sensitive screen
écran transflectif (n.m.)	transflective screen
écrasement (n.m.); superposition (n.f.)	overwriting
écrasement de tête (n.m.)	head crash
écrire	poke (v.)
écriture différée (n.f.)	write back (n.)
écriture miroir (n.f.); miroitage (n.m.); miroitage disque (n.m.)	mirroring; disk mirroring
écriture par blocs (n.f.)	block-write
EDI; Échange de Données Informatisé	EDI; Electronic Data Interchange

EDIFACT; Échange de données informatisé pour l'administration, le commerce et les transports

EDIFACT; Electronic Data Interchange for Administration, Commerce and Transport

éditeur de liens (n.m.)

linkage editor; link editor

éditeur graphique (n.m.); grapheur (n.m.)

graphic editor

édition de texte (n.f.); édition (n.f.)

text editing; editing

éditique (n.f.); micro-édition (n.f.)

desktop publishing

effacement (n.m.); touche effacement (n.f.)

Delete; Delete key

effacer; annuler

delete (v.); trash (v.)

effet de biréfringence en hélice (n.m.); effet de biréfringence torsadée (n.m.)

SBE; supertwisted birefringence effect

EIAO; enseignement intelligemment assisté par ordinateur (n.m.)

intelligent tutoring system; ITS

élagage (n.m.)

pruning

emballement (n.m.)

trashing

emplacement de carte (n.m.); fente d'extension (n.f.); connecteur d'extension (n.m.)

expansion slot

EMS; norme EMS (n.f.)

EMS; Expanded Memory Specifications

en attente

stand by (adj.)

enchaînement (n.m.); chaînage (n.m.); concaténation (n.f.)

concatenation

enchaînement (n.m.); liaison (n.f.)

linking

encoche de protection d'écriture (n.f.)

write protect notch

encodage (n.m.)	encoding
encodage en longueur de ligne (n.m.); encodage en longueur de plage (n.m.)	run-length encoding
encombrement (n.m.); conflit (n.m.)	contention
en direct; en ligne	on-line; online
en drapeau; décalé	ragged
en ligne; en direct	on-line; online
en mode dégradé	failsoft; fail soft; graceful degradation
en mode rafale; en rafale	burst mode (adj.)
énoncé (n.m.); manchette (n.f.)	banner
en rafale; en mode rafale	burst mode (adj.)
enregistrement (n.m.)	record (n.)
enregistrement double (n.m.)	shadowing
enregistrement logique (n.m.)	logical record
enregistrement physique (n.m.)	physical record
enregistrer sous	save as
enseignement intelligemment assisté par ordinateur (n.m.); EIAO	intelligent tutoring system; ITS
en temps réel	real-time
entier relatif (n.m.); entier (n.m.)	integer
entraînement de disque (n.m.); dispositif d'entraînement de disque (n.m.)	disk drive
entraîneur à picots (n.m.)	pin feed tractor

entrance (n.f.)

fan-in

Entrée (n.f.); touche Entrée (n.f.)

Enter key; Enter

entrée/sortie (n.f.); E/S

input/output; I/O

entrelacement (n.m.) [écran]

interlace (n.) [screen]

entrelacement (n.m.) [disque]

striping; disk striping [disk]

éprouvé; validé

trusted

erreur fatale (n.f.)

fatal error

erreur irréparable (n.f.)

nonrecoverable error; unrecoverable error

erreur permanente (n.f.); erreur persistante (n.f.)

hard error; solid error; permanent error

erreur réparable (n.f.)

recoverable error

erreur temporaire (n.f.)

soft error

erroné; invalide; incorrect

invalid

E/S; entrée/sortie (n.f.)

input/output; I/O

espace de travail (n.m.)

workspace

espacement (n.m.); pas de masque (n.m.); pas (n.m.) [pixels]

pitch; dot pitch [pixels]

espace non occupé (n.m.)

unwritten space

espace occupé (n.m.)

written space

essai alpha (n.m.); premier essai (n.m.)

alpha test (n.)

essai bêta (n.m.); essai pilote (n.m.)

beta test (n.)

essais de régression (n.m.)

regression testing

établissement d'une liaison (n.m.)

handshaking; handshake

extraction

état (n.m.)	status
état d'attente (n.m.)	wait state
état d'attente nul (n.m.); sans état d'attente	zero wait; zero wait state; 0WS
étendre; mettre à niveau	upgrade (v.)
éthérarchique	etherarchical
étiquette (n.f.); label (n.m.)	label (n.); tag (n.)
évolutif; extensible	upgradable; ready
évolutivité (n.f.)	upgradability
exécuter; lancer [un programme]	run (v.)
exécuteur (n.m.); progiciel exécutable (n.m.)	runtime software
exigeant [en mémoire, etc.]	intensive [as in memory intensive, etc.]
expéditeur (n.é.); auteur (n.é.)	sender; originator
exploration (n.f.); navigation (n.f.) [logiciel]	navigation [software]
explorer; scanner (à éviter); balayer	scan (v.)
exposant (n.m.); indice supérieur (n.m.)	superscript
extensible; évolutif	upgradable; ready
extension (n.f.)	extension
extension (n.f.); mise à niveau (n.f.)	upgrade (n.)
externalisation (n.f.)	outsourcing
extraction (n.f.)	retrieval

135

fabrication assistée par ordinateur (n.f.); FAO

CAM; computer-assisted manufacturing; computer-aided manufacturing

fac-similé (n.m.); fax (n.m.); télécopie (n.f.)

facsimile; fax; telefax

FAO; fabrication assistée par ordinateur (n.f.)

CAM; computer-assisted manufacturing; computer-aided manufacturing

fatigue oculaire (n.f.) [écrans d'affichage]

eyestrain [display screens]

faux modem (n.m.); modem nul (n.m.); simulateur de modem (n.m.)

modem eliminator; null modem

fax (n.m.); télécopie (n.f.); fac-similé (n.m.)

facsimile; fax; telefax

fax (n.m.); télécopieur (n.m.)

facsimile machine; telecopier; fax machine; fax

FaxBack®

FaxBack®

faxer; télécopier

fax (v.)

fenêtrage (n.m.)

windowing

fenêtrage en cascade (n.m.)

cascading windows

fenêtre (n.f.)

window

fenêtre longitudinale (n.f.)

X window

fenêtre modale (n.f.)

modal window

fente d'extension (n.f.); connecteur d'extension (n.m.); emplacement de carte (n.m.)

expansion slot

fermeture de session (n.f.)	logging-off; log-off (n.); logging-out; log-out (n.)
feuille de calcul (n.f.)	spreadsheet
fiabilité (n.f.)	reliability
fiche cadre (n.f.); fiche mère (n.f.)	case record; core record
fichier (n.m.)	file (n.)
fichier actif (n.m.)	active file
fichier caché (n.m.)	hidden file
fichier d'accessoires (n.m.); valise (n.f.)	suitcase
fichier d'archives (n.m.)	archival file; archive file
fichier de base (n.m.); fichier maître (n.m.)	main file; master file
fichier de désynchronisation (n.m.); spool (n.m.); spoule (n.m.)	simultaneous peripheral operation online; spool (n.)
fichier de sauvegarde (n.m.); fichier de secours (n.m.)	backup file
fichier de travail (n.m.)	scratch file; work file
fichier du jeu de caractères (n.m.)	print image file
fichier historique (n.m.)	history file; history log
fichier inversé (n.m.)	inverted file
fichier maître (n.m.); fichier de base (n.m.)	main file; master file
fichier mouvement (n.m.)	movement file; transaction file
fil de fer (n.m.); squelette de fil de fer (n.m.)	wireframe drawing; wireframe
file d'attente (n.f.)	queue

file d'attente de messages (n.f.)	message queue
file de travaux (n.f.); flot de travaux (n.m.); train de travaux (n.m.)	input stream; run stream; job stream; job queue
fin anormale (n.f.)	abnormal termination; abnormal end; abend (n.)
FixMaj; touche de verrouillage (n.f.)	Caps Lock key; capital lock key; Caps Lock; Shift lock key
flot de travaux (n.m.); train de travaux (n.m.); file de travaux (n.f.)	input stream; run stream; job stream; job queue
fonction booléenne (n.f.)	Boolean function
fonction de balayage (n.f.); fonction de survol (n.f.)	browser
fonctions définies par l'utilisateur (n.f.)	UDF; User Defined Functions
fond de panier (n.m.)	backplane
formatage (n.m.); formattage (n.m.)	formatting
format de fichier d'échange (n.m.)	interchange file format; IFF
formation pratique (n.f.)	hands-on training
formattage (n.m.); formatage (n.m.)	formatting
fournisseur (n.m.)	vendor
fractale (n.f.)	fractal
frappe (n.f.); saisie (n.f.)	keyboarding
frappe automatique (n.f.); frappe assistée (n.f.)	power typing
frappe directe (n.f.)	type through (n.)

frappe quasi simultanée (n.f.)	rollover attribute
frappomètre (n.m.)	stroke counter
fraude informatique (n.f.); délit informatique (n.m.)	computer crime; computer fraud
fréquence d'horloge (n.f.); vitesse d'horloge (n.f.)	clock speed
fusion (n.f.)	merging; merge

gabarit (n.m.); légende de clavier (n.f.); grille de clavier (n.f.)	keyboard template; template
gamme de gris (n.f.); échelle de gris (n.f.)	gray scale; grey scale
gant de données (n.m.); gant numérique (n.m.); gant électronique (n.m.) [réalité virtuelle]	data glove [virtual reality]
Gbit; gigabit (n.m.)	gigabit; Gb
générateur de caractères (n.m.)	character generator
généré par ordinateur	computer-generated
générique de développement (n.m.)	shell
génie cognitif (n.m.); cognitique (n.f.)	knowledge engineering
génie logiciel (n.m.)	software engineering
géomatique (n.f.)	geomatics
gérance informatique (n.f.); infogérance (n.f.)	facility management

gestion de données (n.f.)	data management
gestion des risques (n.f.)	risk management
gestion des unités d'exécution (n.f.)	multithreading
gestionnaire (n.m.)	manager
gestionnaire personnel (n.m.)	personal information manager; PIM
Gflop; gigaflop (n.m.)	gigaflop; G-flop
gigabit (n.m.); Gbit	gigabit; Gb
gigaflop (n.m.); Gflop	gigaflop; G-flop
gigaoctet (n.m.); Go	gigabyte; GB
gigue (n.f.) [infographie]	jitter [computer graphics]
glisser-copier	drag and copy
glisser-déposer; tirer/lâcher	drag and drop
Go; gigaoctet (n.m.)	gigabyte; GB
GO TO [programmation]	GO TO [programming]
grand public	main stream; mainstream
grand public; de série [logiciels]	off-the-shelf; shrunkwrapped; canned; vanilla [software]
grand réseau (n.m.); réseau longue portée (n.m.)	WAN; Wide Area Network
grapheur (n.m.); éditeur graphique (n.m.)	graphic editor
graphiciel (n.m.); logiciel graphique (n.m.)	graphics software
graphique de gestion (n.m.)	business graphic

graphiques 3D (n.m.)	3-D graphics; three dimensional graphics
graphiques vidéo (n.m.)	video graphics
graphisme à fenêtres multiples (n.m.); graphisme multifenêtres (n.m.)	multiple window graphics
graphotèque (n.f.)	clip art library
grappe (n.f.); groupe (n.m.)	cluster
grappe de disques (n.f.); stockage RAID (n.m.)	RAID storage; Redundant Array of Inexpensive Disks
gratuiciel (n.m.); logiciel public (n.m.); logiciel sans droits d'auteur (n.m.)	freeware; public domain software
grille (n.f.); masque (n.m.)	mask
grille de clavier (n.f.); gabarit (n.m.); légende de clavier (n.f.)	keyboard template; template
gros utilisateur (n.m.)	power user
groupe (n.m.); grappe (n.f.)	cluster
groupe d'utilisateurs (n.m.)	user group
groupe niché (n.m.) [icônes]	nested group [icons]

haut de casse; majuscules	uppercase
haute densité	high density
haute résolution	high-resolution; high res
hébergement (n.m.)	hosting

hétérarchique	heterarchical
hibernation (n.f.); veille (n.f.); attente (n.f.)	sleep mode; sleep
hiérarchique	hierarchical
hologramme (n.m.)	hologram
holographie (n.f.)	holography
holographique	holographic
horloge (n.f.)	clock
horloge mère (n.f.); horloge pilote (n.f.)	master clock
hors ligne; autonome	off-line; offline
hors place; à l'extérieur	off-site
hôte (n.m.); ordinateur central (n.m.)	host (n.); host computer
housse de transport (n.f.)	carrying case
hypercube (n.m.)	hypercube
hypermédia (n.m.)	hypermedia
hypertexte (n.m.)	hypertext

IA; intelligence artificielle (n.f.)	AI; artificial intelligence
icône (n.f.); icone (n.m.); pictogramme (n.m.)	icon; pictograph
iconiser	iconize; stow; shrink

identificateur (n.m.); identifiant (n.m.)	identifier
image fantôme (n.f.)	ghosting
image-objet (n.f.); lutin (n.m.) [infographie]	sprite [computer graphics]
imagerie (n.f.)	imaging
image vectorielle (n.f.)	vector image
immersion (n.f.); téléprésence (n.f.) [réalité virtuelle]	walk through; walkthrough; telepresence [virtual reality]
immotique (n.f.)	building automation
imparité (n.f.); parité impaire (n.f.)	odd parity
impasse (n.f.); verrouillage cul-de-sac (n.m.)	deadlock
implanter	implement
implémenter	implement
Impr. Écran; touche d'impression d'écran (n.f.)	print screen key; Print Scrn
impression d'écran (n.f.); copie d'écran (n.f.)	screen print; screen dump; screen capture
impression sélective (n.f.)	snapshot printout
imprimante (n.f.)	printer
imprimante à bulles d'encre (n.f.)	bubblejet printer
imprimante à impact (n.f.); imprimante à percussion (n.f.)	impact printer
imprimante à jet d'encre (n.f.)	ink-jet printer
imprimante à laser (n.f.); imprimante laser (n.f.)	laser printer
imprimante à marguerite (n.f.)	daisy-wheel printer

imprimante à percussion (n.f.); imprimante à impact (n.f.)	impact printer
imprimante laser (n.f.); imprimante à laser (n.f.)	laser printer
imprimante matricielle (n.f.); imprimante par points (n.f.)	dot printer; dot matrix printer; matrix printer
imprimante sans impact (n.f.); imprimante sans percussion (n.f.)	non-impact printer
imprimante thermique (n.f.)	thermal printer
imprimé (n.m.); copie papier (n.f.)	hard copy
imprimé (n.m.); sortie sur imprimante (n.f.)	printout
incident (n.m.); blocage du système (n.m.)	system crash
incorrect; erroné; invalide	invalid
incrément (n.m.)	increment (n.)
incrémenter	increment (v.)
incrémentiel	incremental
indépendant du contexte	context-free; context-independent
index (n.m.)	index (n.)
indexation (n.f.)	indexing
indicateur de barre d'état (n.m.)	status bar indicator
indicatif de fichier (n.m.); nom de fichier (n.m.)	file name
indice inférieur (n.m.)	subscript
indice supérieur (n.m.); exposant (n.m.)	superscript

infoculture (n.f.); bagage informatique (n.m.); culture informatique (n.f.)	computer literacy
infogérance (n.f.); gérance informatique (n.f.)	facility management
infographie (n.f.)	computer graphics
informatique (adj.)	computer (adj.); computing (adj.)
informatique (n.f.)	informatics; computing science
informatique communicante (n.f.); réseautique (n.f.)	network computing; networking
informatique coopérative (n.f.)	collaborative computing; cooperative computing
informatique mobile (n.f.)	mobile computing
informatique moléculaire (n.f.)	molecular computing
informatique neuronale (n.f.)	neural computing
informatique répartie (n.f.)	DDP; distributed data processing; distributed processing; distributed computing
informatique stylo (n.f.); traitement sans clavier (n.m.); traitement au stylet (n.m.)	pen-based computing; pen computing
informatique vidéo numérique (n.f.)	digital video computing
informatisé; computationnel; par ordinateur	computational
ingénieur logiciel (n.m.)	software engineer
initialisation (n.f.)	initialization
initialisation (n.f.); amorçage (n.m.)	bootstrapping; booting up; boot-up (n.)

injection (n.f.); application injective (n.f.)	one-to-one mapping; injective mapping
insertion (n.f.)	insert (n.)
installer	install
instruction (n.f.)	statement
instruction binaire (n.f.)	bit instruction
instruction de branchement (n.f.); instruction de saut (n.f.)	branch instruction; jump instruction
instruction logique (n.f.)	logic instruction
instructions multiples, données multiples (n.f.); MIMD	MIMD; multiple instruction, multiple data
instructions multiples, donnée unique (n.f.); MISD	MISD; multiple instruction, single data
instruction unique, données multiples (n.f.); SIMD	SIMD; single instruction, multiple data
instruction unique, donnée unique (n.f.); SISD	single instruction, single data; SISD
intégration à grande échelle (n.f.); LSI	large-scale integration; LSI
intégration à moyenne échelle (n.f.); MSI	medium-scale integration; MSI
intégration à petite échelle (n.f.); SSI	small-scale integration; SSI
intégration à très grande échelle (n.f.); VLSI	very large-scale integration; VLSI
intégration superscalaire (n.f.); superintégration (n.f.)	super large-scale integration
intégrité des données (n.f.)	data integrity
intégrité du système (n.f.)	system integrity

intelligence artificielle (n.f.); IA	AI; artificial intelligence
intelligent	smart
interconnexion (n.f.)	interconnection
interconnexion de réseaux (n.f.); inter-réseautage (n.m.)	internetworking; internetting
interconnexion de systèmes ouverts (n.f.); OSI	Open Systems Interconnection; OSI
interface (n.f.)	interface (n.)
interface API (n.f.); interface de programme d'application (n.f.); API	Application Program Interface; API
interface d'écriture au stylet (n.f.)	pen-writing interface
interface de ligne de commande (n.f.)	command-line interface
interface de programme d'application (n.f.); API; interface API (n.f.)	Application Program Interface; API
interface en mode protégé DOS (n.f.)	DPMI; DOS Protected Mode Interface
interface ESDI (n.f.)	ESDI; Enhanced Small Device Interface
interface graphique-souris (n.f.); interface WIMP (n.f.)	window icon mouse pull-down menu; WIMP interface
interface orientée document (n.f.)	DOI; Document Oriented Interface
interfacer	interface (v.)
interface utilisateur (n.f.)	user interface
interface utilisateur graphique (n.f.); IUG	GUI; Graphics User Interface
interface WIMP (n.f.); interface graphique-souris (n.f.)	window icon mouse pull-down menu; WIMP interface

interlude (n.m.); économiseur d'écran (n.m.)	screen saver
interopérabilité (n.f.)	interoperability
interpolation (n.f.); calcul de formes intermédiaires (n.m.) [infographie]	tweening; in-betweening [computer graphics]
interpréteur (n.m.); programme d'interprétation (n.m.)	interpreter
inter-réseautage (n.m.); interconnexion de réseaux (n.f.)	internetworking; internetting
interrogation (n.f.)	query
interruption (n.f.)	interrupt (n.)
interverrouillage (n.m.)	interlock (n.)
invalide; incorrect; erroné	invalid
invitation à émettre (n.f.)	polling
invite (n.f.); message guide (n.m.)	prompt; prompting message
itinérant (n.m.); nomade (n.é.); voyageur (n.m.) [informatique mobile]	road warrior [mobile computing jargon]
IUG; interface utilisateur graphique (n.f.)	GUI; Graphics User Interface

J

jalon (n.m.)	milestone
jargon informatique (n.m.)	computerese; computer jargon; compuspeak
jeu de caractères (n.m.)	character set

jeu de caractères étendu (n.m.)	extended character set
jeu d'instructions (n.m.)	instruction set
joker (n.m.); métacaractère (n.m.); caractère de remplacement (n.m.)	wildcard; wildcard character; global character; joker
journal (n.m.)	log (n.)
jukebox de CD-ROM (n.m.); chargeur multidisque (n.m.)	CD-ROM jukebox; jukebox
justification (n.f.)	flush (n.); justification
juxtaposition (n.f.)	dithering

kilobit (n.m.); kbit	Kb; kilobit
kilo-octet (n.m.); ko	KB; kilobyte; Kbyte

label (n.m.); étiquette (n.f.)	label (n.); tag (n.)
label de fin de fichier (n.m.); label fin (n.m.)	end-of-file label; trailer label
lancer; exécuter [un programme]	run (v.)
lancer de rayon (n.m.) [infographie]	ray tracing [computer graphics]
langage algorithmique (n.m.)	algorithmic language
langage de bas niveau (n.m.)	LLL; low-level language

149

langage de contrôle de travaux (n.m.)	JCL; job-control language
langage de description de données (n.m.)	data description language; DDL
langage de programmation (n.m.)	programming language
langage de spécification (n.m.)	specification language
langage d'interrogation (n.m.)	QL; query language
langage évolué (n.m.)	high-level language; HLL
langage machine (n.m.)	computer language; machine language
langage naturel (n.m.)	natural language
langage non procédural (n.m.)	declarative language; nonprocedural language; non-procedure-oriented language
langage objet (n.m.)	object language; target language
langage orienté application (n.m.)	application-oriented language
langage procédural (n.m.)	imperative language; procedural language; procedure-oriented language
langage source (n.m.)	source language
langage standard de balisage généralisé (n.m.); SGML	SGML; Standard Generalized Mark up Language
langage symbolique (n.m.)	pseudolanguage
lecteur à auto-parcage (n.m.)	self-parking disk drive
lecteur de cartouche (n.m.)	cartridge reader
lecteur de cassette (n.m.)	cassette reader
lecteur de disquette (n.m.)	floppy disk drive; FDD

lecteur optique (n.m.); scanner optique (n.m.)	optical scanner; optical reader
lecture (n.f.); scan (n.m.) (à éviter); balayage (n.m.)	scanning; scan (n.)
lecture destructive (n.f.); lecture avec effacement (n.f.)	destructive reading; destructive readout; DRO
lecture non destructive (n.f.)	non-destructive reading; non-destructive readout; NDRO
légende de clavier (n.f.); grille de clavier (n.f.); gabarit (n.m.)	keyboard template; template
liaison (n.f.); enchaînement (n.m.)	linking
liaison dynamique (n.f.)	hot link; dynamic link
liaison et incorporation d'objet (n.f.)	OLE; object linking and embedding
liaison statique (n.f.)	cold link
libérer; désaffecter	deallocate
ligne boiteuse (n.f.) [traitement de texte]	widow; widow line [word processing]
ligne de dépannage (n.f.); ligne directe (n.f.)	hot line
ligne d'état (n.f.)	status line
ligne directe (n.f.); ligne de dépannage (n.f.)	hot line
lisible par machine	machine-readable
listage (n.m.)	list (n.); listing
listage de la mémoire (n.m.); cliché-mémoire (n.m.)	memory dump
liste inversée (n.f.); liste refoulée (n.f.)	pushdown list; push-down list

logiciel (n.m.)	software
logiciel à la pelle (n.m.)	shovelware
logiciel bridé (n.m.)	crippleware
logiciel contaminé (n.m.)	virusware
logiciel contributif (n.m.); partagiciel (n.m.)	shareware
logiciel d'affaires (n.m.)	businessware
logiciel d'application (n.m.); applicatif (n.m.) [France]	application software
logiciel de base (n.m.)	systems software
logiciel de démonstration (n.m.)	demoware
logiciel de données (n.m.)	dataware
logiciel de groupe (n.m.); collecticiel (n.m.)	groupware
logiciel de harcèlement (n.m.)	nagware
logiciel de série (n.m.)	shelfware; off-the-shelf software
logiciel de service (n.m.); utilitaire (n.m.); logiciel utilitaire (n.m.)	utilities; utility software
logiciel de société indépendante (n.m.)	third party software
logiciel de traitement de texte (n.m.)	word-processing software
logiciel de traitement d'image (n.m.)	image programming software
logiciel de vérification orthographique (n.m.); vérificateur orthographique (n.m.)	spell checker; spelling checker
logiciel d'exploitation (n.m.)	operating software; enabling software

logiciel d'information récréative (n.m.)	infotainment software
logiciel domestique (n.m.)	homeware
logiciel en mémoire morte (n.m.)	romware
logiciel éphémère (n.m.)	vaporware
logiciel fantôme (n.m.); arlésienne (n.f.)	vaporware
logiciel fourni (n.m.); logiciel livré avec (n.m.)	bundled software
logiciel graphique (n.m.); graphiciel (n.m.)	graphics software
logiciel intégré (n.m.)	integrated software
logiciel livré avec (n.m.); logiciel fourni (n.m.)	bundled software
logiciel maison (n.m.)	in-house software
logiciel piraté (n.m.)	pirateware
logiciel public (n.m.); logiciel sans droits d'auteur (n.m.); gratuiciel (n.m.)	freeware; public domain software
logiciel qui tarde à sortir (n.m.)	ketchupware [computerese]
logiciel sans droits d'auteur (n.m.); gratuiciel (n.m.); logiciel public (n.m.)	freeware; public domain software
logiciel standard personnalisé (n.m.)	middleware
logiciel utilitaire (n.m.); logiciel de service (n.m.); utilitaire (n.m.)	utilities; utility software
logique floue (n.f.)	fuzzy logic
logique partagée (n.f.)	shared logic

logithèque (n.f.)

software library; repository; software repository

longueur de bloc (n.f.)

block length; block size

longueur de mot (n.f.)

word length; word size

LSI; intégration à grande échelle (n.f.)

large-scale integration; LSI

ludiciel (n.m.)

computer gaming software; game software; gameware

lutin (n.m.); image-objet (n.f.) [infographie]

sprite [computer graphics]

macroinstruction (n.f.)

macroinstruction

magnéto-optique

magneto-optical; MO

mains libres

hands-free

maintenabilité (n.f.)

maintainability

maintenance corrective (n.f.)

corrective maintenance

maintenance préventive (n.f.)

preventive maintenance

majuscules; haut de casse

uppercase

manche à balai (n.m.); manette de jeu (n.f.); manche (n.m.)

joystick

manchette (n.f.); énoncé (n.m.)

banner

manette de jeu (n.f.); manche (n.m.); manche à balai (n.m.)

joystick

manipulation de données (n.f.)

data handling

mappage (n.m.)	mapping (n.)
mappage couleur (n.m.)	colour mapping
mappage de texture (n.m.)	texture mapping
mappe (n.f.); topographie mémoire (n.f.)	map (n.); memory map; mapping
mappé	mapping (adj.)
masque (n.m.); grille (n.f.)	mask
massivement parallèle	massively parallel
matériel (n.m.)	hardware
matériel biologique (n.m.) [intelligence artificielle]	wetware [artificial intelligence]
matrice binaire (n.f.)	bit matrix
matrice booléenne (n.f.)	Boolean matrix
matrice de points (n.f.)	dot matrix
matrice passive à double balayage (n.f.)	dual scan passive matrix
maximisation (n.f.)	maximization
maximiser	maximize
Mbit; mégabit (n.m.)	megabit; Mbit
MBM; mémoire à bulles (n.f.); mémoire à bulles magnétiques (n.f.)	bubble memory; magnetic bubble memory; MBM
média multifonctions (n.m.)	multifunction media; MM
mégabit (n.m.); Mbit	megabit; Mbit
mégaflop (n.m.); Mflop	megaflop; M-flop
mégaoctet (n.m.); Mo	Mb; megabyte

mémoire à bulles (n.f.); mémoire à bulles magnétiques (n.f.); MBM	bubble memory; magnetic bubble memory; MBM
mémoire associative (n.f.)	associative memory; content addressable memory
mémoire auxiliaire (n.f.); mémoire externe (n.f.)	auxiliary storage; external storage
mémoire cache (n.f.); antémémoire (n.f.)	cache (n.); cache memory
mémoire centrale (n.f.)	main memory
mémoire circulante (n.f.)	circulating memory
mémoire de masse (n.f.)	mass memory
mémoire de messages (n.f.); MM	message store; MS
mémoire de régénération (n.f.)	refresh memory
mémoire de travail (n.f.)	scratch-pad memory
mémoire d'expansion (n.f.)	expanded memory
mémoire d'extension (n.f.)	extended memory
mémoire double espace (n.f.)	double space memory
mémoire dynamique (n.f.)	dynamic storage
mémoire EEPROM (n.f.); mémoire morte programmable effaçable électriquement (n.f.)	EEPROM; electrically erasable programmable read-only memory
mémoire EEROM (n.f.); mémoire morte effaçable électriquement (n.f.)	EEROM; electrically erasable read-only memory
mémoire effaçable (n.f.)	erasable memory
mémoire électrostatique (n.f.)	electrostatic storage
mémoire EPROM (n.f.); mémoire morte programmable électriquement (n.f.)	electrically programmable read-only memory; EPROM

mémoire externe (n.f.); mémoire auxiliaire (n.f.)	auxiliary storage; external storage
mémoire flash (n.f.)	flash memory
mémoire magnétique (n.f.)	magnetic memory
mémoire morte (n.f.); ROM	read-only memory; ROM
mémoire morte effaçable électriquement (n.f.); mémoire EEROM (n.f.)	EEROM; electrically erasable read-only memory
mémoire morte programmable (n.f.); mémoire PROM (n.f.)	programmable read-only memory; PROM
mémoire morte programmable effaçable électriquement (n.f.); mémoire EEPROM (n.f.)	EEPROM; electrically erasable programmable read-only memory
mémoire morte programmable électriquement (n.f.); mémoire EPROM (n.f.)	electrically programmable read-only memory; EPROM
mémoire morte reprogrammable (n.f.); mémoire REPROM (n.f.)	reprogrammable PROM; REPROM
mémoire optique (n.f.)	optical memory
mémoire PROM (n.f.); mémoire morte programmable (n.f.)	programmable read-only memory; PROM
mémoire rémanente (n.f.)	nonvolatile storage
mémoire REPROM (n.f.); mémoire morte reprogrammable (n.f.)	reprogrammable PROM; REPROM
mémoire statique (n.f.)	static storage
mémoire temporaire (n.f.)	temporary storage
mémoire vidéo (n.f.)	video memory
mémoire virtuelle (n.f.)	virtual memory; VM
mémoire vive (n.f.); RAM	random access memory

mémoire vive statique (n.f.); SRAM; RAM statique (n.f.)	SRAM; Static Random Access Memory; static RAM
menace active (n.f.)	active threat
menu (n.m.)	menu
menu de présentation (n.m.)	view menu
menu déroulant (n.m.)	pulldown menu; pull-down menu
menu détachable (n.m.)	tearoff menu
menu détaché (n.m.)	torn-off menu
menu flash (n.m.); menu surgissant (n.m.)	popup menu; pop-up menu
menu principal (n.m.)	main menu
menu surgissant (n.m.); menu flash (n.m.)	popup menu; pop-up menu
message d'essai (n.m.)	fox message
message guide (n.m.); invite (n.f.)	prompt; prompting message
messagerie électronique (n.f.)	electronic messaging
messagerie vocale (n.f.); courrier vocal (n.m.); audiomessagerie (n.f.)	voice mail
métacaractère (n.m.); caractère de remplacement (n.m.); joker (n.m.)	wildcard; wildcard character; global character; joker
métalangage (n.m.)	metalanguage
méthode d'authentification de l'utilisateur (n.f.)	user authentication method; UAM
mettre à niveau; étendre	upgrade (v.)
mettre au point; déboguer	debug
mettre en file d'attente	enqueue (v.)

mettre fin à la communication; clore	sign off (v.); sign out (v.)
Mflop; mégaflop (n.m.)	megaflop; M-flop
micro (n.m.); micro-ordinateur (n.m.)	microcomputer
micro-édition (n.f.); éditique (n.f.)	desktop publishing
microfacette (n.f.)	microfacet
micro-informatique (n.f.)	microcomputing
micro-ordinateur (n.m.); micro (n.m.)	microcomputer
microplaquette (n.f.); puce (n.f.)	chip
microprocesseur (n.m.); processeur (n.m.)	microprocessor; processor
microprogrammation (n.f.)	microprogramming
microprogramme (n.m.)	firmware; FW
million d'instructions par seconde (n.m.); MIPS	Million of Instructions Per Second; MIPS
MIMD; instructions multiples, données multiples (n.f.)	MIMD; multiple instruction, multiple data
mini (n.m.); mini-ordinateur (n.m.)	minicomputer
minibloc-notes (n.m.); ordinateur minibloc-notes (n.m.); ordinateur ultraportatif (n.m.); ultraportatif (n.m.)	subnotebook; sub-notebook computer
mini châssis vertical (n.m.); mini tour (n.f.)	mini-tower
minimisation (n.f.)	minification
minimiser	minimize; minify
mini-ordinateur (n.m.); mini (n.m.)	minicomputer

mini tour (n.f.); mini châssis vertical (n.m.)	mini-tower
minuscules; bas de casse	lowercase
MIPS; million d'instructions par seconde (n.m.)	Million of Instructions Per Second; MIPS
miroitage disque (n.m.); écriture miroir (n.f.); miroitage (n.m.)	mirroring; disk mirroring
MISD; instructions multiples, donnée unique (n.f.)	MISD; multiple instruction, single data
mise à jour (n.f.)	updating
mise à niveau (n.f.); extension (n.f.)	upgrade (n.)
mise au point (n.f.); débogage (n.m.)	debugging; corrective maintenance
mise au point (n.f.); peaufinage (n.m.) [applications]	tweaking [applications]
mise en antémémoire (n.f.); antémémorisation (n.f.)	caching
mise en oeuvre (n.f.)	implementation
mise en réseau (n.f.); réseautage (n.m.)	networking
mise en tampon (n.f.); tamponnage (n.m.); bufférisation (n.f.) (à éviter)	buffering
MM; mémoire de messages (n.f.)	message store; MS
Mo; mégaoctet (n.m.)	Mb; megabyte
modal	modal
mode asservi (n.m.)	slave mode
mode brut (n.m.)	raw mode

mode conversationnel (n.m.); mode dialogué (n.m.)	conversational mode; interactive mode; chat mode
modélisation (n.f.)	modelling; modeling
modélisation 3D (n.f.); modélisation tridimensionnelle (n.f.)	3-D modelling; three dimensional modelling
modélisation de solides (n.f.)	solid modelling
modélisation tridimensionnelle (n.f.); modélisation 3D (n.f.)	3-D modelling; three dimensional modelling
modem (n.m.); modulateur/ démodulateur (n.m.)	modem; modulator/demodulator
modem à réponse automatique (n.m.)	auto-answer modem
modem à sélection automatique (n.m.)	auto-dial modem
modem cellulaire (n.m.)	cellular modem
modem commuté (n.m.)	dial-up modem; switched modem
modem-fax (n.m.); modem télécopieur (n.m.)	fax modem; data fax modem
modem mobile (n.m.)	mobidem; mobile modem
modem nul (n.m.); simulateur de modem (n.m.); faux modem (n.m.)	modem eliminator; null modem
modem sans fil (n.m.)	wireless modem; radio modem; cordless modem
modem télécopieur (n.m.); modem-fax (n.m.)	fax modem; data fax modem
mode point (n.m.)	bit map; bmap; bit mapping
modulateur/démodulateur (n.m.); modem (n.m.)	modem; modulator/demodulator

module de mémoire à simple rangée de connexions (n.m.); barrette SIMM (n.f.); module SIMM (n.m.)	single inline memory module; SIMM
moniteur (n.m.)	monitor (n.)
moniteur couleur (n.m.)	colour monitor
monoposte	single station
monotone	monotonic; monotone
montage expérimental (n.m.); carte expérimentale (n.f.)	breadboard construction
mordu de l'informatique (n.m.); bidouilleur (n.m.) [jargon]	hacker
morphage (n.m.) [effets spéciaux assistés par ordinateur]	morphing [computer-aided special effects]
morphe (n.m.)	morph
mot clé (n.m.)	keyword
mot de chaînage (n.m.)	link word
mot de passe (n.m.)	password
mot machine (n.m.)	computer word
mot non significatif (n.m.); mot vide (n.m.)	stop word; stopword
mot réservé (n.m.)	reserved word
mot vide (n.m.); mot non significatif (n.m.)	stop word; stopword
MS-DOS	Microsoft Disk Operating System; MS-DOS
MSI; intégration à moyenne échelle (n.f.)	medium-scale integration; MSI
multibalayage (n.m.)	multiscan

multimédia	multimedia; MM
multiplexeur (n.m.)	multiplexor
multiprocesseur (n.m.)	multiprocessor
multiprogrammation (n.f.)	multiprogramming
multitâche coopératif	cooperative multitasking
multitâche préemptif	preemptive multitasking
multitâches	multitask; multitasking
multiutilisateurs	multiuser

nanotechnologie (n.f.)	nanotechnology
NAPLPS; North American Presentation Level Protocol Syntax	NAPLPS; North American Presentation Level Protocol Syntax
navigation (n.f.); exploration (n.f.) [logiciel]	navigation [software]
NE; non entrelacé	non-interlace; non-interlaced; NI
némateique [cellule en cristal liquide]	nematic [liquid-crystal cell]
némateique à double torsadage; némateique en double hélice	double supertwist nematic; double supertwisted nematic; DSTN
némateique à torsade; némateique en hélice; némateique torsadée	twisted nematic; TN
némateique à triple torsadage; némateique en triple hélice	triple supertwist nematic; triple supertwisted nematic; TSTN
némateique en double hélice; némateique à double torsadage	double supertwist nematic; double supertwisted nematic; DSTN

nématique en hélice; nématique torsadée; nématique à torsade	twisted nematic; TN
nématique en hélice neutre; nématique torsadée neutre; NTN	neutral twisted nematic; NTN
nématique en superhélice; nématique supertorsadée	STN; supertwist nematic
nématique en triple hélice; nématique à triple torsadage	triple supertwist nematic; triple supertwisted nematic; TSTN
nématique supertorsadée; nématique en superhélice	STN; supertwist nematic
nématique torsadée; nématique à torsade; nématique en hélice	twisted nematic; TN
nématique torsadée neutre; NTN; nématique en hélice neutre	neutral twisted nematic; NTN
n'entre pas	no-go
nettoyage (n.m.); désencombrement (n.m.)	declutter; decluttering
nomade (n.é.); voyageur (n.m.); itinérant (n.m.) [informatique mobile]	road warrior [mobile computing jargon]
nom d'accès (n.m.)	pathname
nom de fichier (n.m.); indicatif de fichier (n.m.)	file name
noneffaçable	non-erasable
non entrelacé; NE	non-interlace; non-interlaced; NI
non linéaire	nonlinear
non rémanent	volatile
non spécialisé	nondedicated
norme EISA (n.f.)	EISA; Extended Industry Standard Architecture

norme EMS (n.f.); EMS	EMS; Expanded Memory Specifications
norme EVGA (n.f.)	EVGA; Enhanced Video Graphics Array
norme ISA (n.f.)	ISA; Industry-Standard Architecture
norme MIDI (n.f.)	Musical Instrument Digital Interface; MIDI
norme PCI (n.f.)	PCI; Peripheral Component Interconnect
norme PCMCIA (n.f.)	PCMCIA; Personal Computer Memory Card International Association
norme SCSI (n.f.)	SCSI; Small Computer System Interface
norme SVGA (n.f.)	SVGA; super VGA; Super Video Graphics Array
norme UVGA (n.f.)	Ultra VGA; UVGA
norme VESA (n.f.)	Video Electronic Standards Association; VESA
norme VGA (n.f.)	VGA; Video Graphics Array
norme XGA (n.f.)	XGA; Extended Graphics Array
North American Presentation Level Protocol Syntax; NAPLPS	NAPLPS; North American Presentation Level Protocol Syntax
notation binaire (n.f.)	binary notation
notation décimale (n.f.)	decimal notation
notation décimale codée binaire (n.f.)	BCD; binary-coded decimal notation
notation hexadécimale (n.f.)	hexadecimal notation
notation octale (n.f.)	octal notation

notation polonaise (n.f.); notation préfixée (n.f.)	Polish notation; prefix notation
notation postfixée (n.f.); notation polonaise inverse (n.f.)	postfix notation; reverse Polish notation
notation préfixée (n.f.); notation polonaise (n.f.)	Polish notation; prefix notation
noyau (n.m.); coeur (n.m.)	kernel; kernal
NTN; nématique en hélice neutre; nématique torsadée neutre	neutral twisted nematic; NTN
numérique; digital (à éviter)	digital
numériser	digitize
numériseur (n.m.)	digitizer
numériseur d'affichage électromagnétique (n.m.)	electromagnetic display digitizer
numéro de libre appel (n.m.); numéro vert (n.m.)	toll-free number
numéroteur (n.m.)	serializer
numéro vert (n.m.); numéro de libre appel (n.m.)	toll-free number

oblique (n.f.)	slash; slant
oblique inverse (n.f.)	backslash
occultation (n.f.)	display blanking; blanking
octet (n.m.)	eight-bit byte; byte
octet pollué (n.m.)	garbage byte

ombrage (n.m.)	shading
opérande (n.m.)	operand
opération majoritaire (n.f.)	majority operation
opérations de gestion interne (n.f.)	housekeeping operations
optimiseur (n.m.)	optimizer
optimiseur de mémoire (n.m.)	memory optimizer
option implicite (n.f.); option par défaut (n.f.)	default option
ordinateur (n.m.)	computer (n.)
ordinateur à jeu d'instructions complexe (n.m.); ordinateur CISC (n.m.)	CISC; complex instruction set computer
ordinateur à jeu d'instructions réduit (n.m.); ordinateur RISC (n.m.)	RISC; Reduced Instruction Set Computer
ordinateur à main (n.m.)	palmtop computer; palmsize computer; handheld computer
ordinateur à stylet (n.m.); ordinateur stylo (n.m.); ardoise électronique (n.f.)	pen computer; pen-based computer; notepad
ordinateur AT (n.m.)	AT computer
ordinateur bloc-notes (n.m.); bloc-notes (n.m.)	notebook; notebook computer
ordinateur central (n.m.)	mainframe computer; main frame
ordinateur central (n.m.); hôte (n.m.)	host (n.); host computer
ordinateur CISC (n.m.); ordinateur à jeu d'instructions complexe (n.m.)	CISC; complex instruction set computer

ordinateur de bureau (n.m.); ordinateur de table (n.m.)	desktop computer; desktop
ordinateur de poche (n.m.)	pocket computer
ordinateur de reprise (n.m.)	backup computer
ordinateur de table (n.m.); ordinateur de bureau (n.m.)	desktop computer; desktop
ordinateur écologique (n.m.); ordinateur vert (n.m.); ordinateur recyclable (n.m.)	green computer; recyclable computer
ordinateur hybride (n.m.)	hybrid computer
ordinateur individuel (n.m.); ordinateur personnel (n.m.); PC	personal computer; PC
ordinateur mallette (n.m.)	briefcase computer
ordinateur minibloc-notes (n.m.); ordinateur ultraportatif (n.m.); ultraportatif (n.m.); minibloc- notes (n.m.)	subnotebook; sub-notebook computer
ordinateur mobile (n.m.)	mobile computer
ordinateur multimédia (n.m.)	multimedia computer
ordinateur neuronal (n.m.)	neural computer
ordinateur optique (n.m.)	optical computer
ordinateur personnel (n.m.); PC; ordinateur individuel (n.m.)	personal computer; PC
ordinateur personnel multimédia (n.m.)	MPC; multimedia PC; multimedia personal computer
ordinateur portable (n.m.)	portable computer
ordinateur portatif (n.m.); portatif (n.m.)	laptop; laptop computer
ordinateur portatif à stylet (n.m.); portatif à stylet (n.m.)	pentop; pentop computer

ordinateur recyclable (n.m.); ordinateur écologique (n.m.); ordinateur vert (n.m.)	green computer; recyclable computer
ordinateur RISC (n.m.); ordinateur à jeu d'instructions réduit (n.m.)	RISC; Reduced Instruction Set Computer
ordinateur sans clavier (n.m.)	keyboardless computer
ordinateur satellite (n.m.)	satellite computer
ordinateur stylo (n.m.); ardoise électronique (n.f.); ordinateur à stylet (n.m.)	pen computer; pen-based computer; notepad
ordinateur supraconducteur (n.m.)	superconductive computer
ordinateur synergétique (n.m.)	synergetic computer
ordinateur tablette (n.m.)	tablet computer
ordinateur transportable (n.m.); ordinateur valise (n.m.)	transportable computer; luggable computer; lunchbox computer
ordinateur ultraportatif (n.m.); ultraportatif (n.m.); minibloc-notes (n.m.); ordinateur minibloc-notes (n.m.)	subnotebook; sub-notebook computer
ordinateur valise (n.m.); ordinateur transportable (n.m.)	transportable computer; luggable computer; lunchbox computer
ordinateur vert (n.m.); ordinateur recyclable (n.m.); ordinateur écologique (n.m.)	green computer; recyclable computer
ordinateur XT (n.m.)	XT computer
ordinatique (n.f.)	computer science
ordinothèque (n.f.); bibliothèque système (n.f.)	system library
organigramme (n.m.)	flowchart (n.)
organisateur d'idées (n.m.); schématiseur (n.m.)	outliner

organisation des données (n.f.)	data organization
organiseur (n.m.); agenda électronique (n.m.)	organizer; electronic organizer
orienté objet	object-oriented
orienté utilisateur; conçu pour l'utilisateur	user-oriented
orphelin (n.m.) [WordPerfect®]	orphan [WordPerfect®]
OSI; interconnexion de systèmes ouverts (n.f.)	Open Systems Interconnection; OSI
outil logiciel (n.m.)	software tool
ouverture de session (n.f.)	logging-in; log-in (n.); logging-on; log-on (n.)

P

page-écran (n.f.)	video page; screen page
pages par minute (n.f.); PPM	pages per minute; PPM
pagination (n.f.) [traitement de texte]	paging [word processing]
palette (n.f.)	palette
palette flottante (n.f.)	floating pallet
panneau de commande (n.m.)	control panel
PAO; publication assistée par ordinateur (n.f.)	computer-aided publishing; CAP
papier à pliage accordéon (n.m.)	zig-zag folding paper; fanfold paper
paquet (n.m) [communication]	packet [communication]

parallélisme de masse (n.m.)	mass parallelism
paramètre réel (n.m.)	actual parameter
parasurtenseur (n.m.)	surge suppressor; surge protector
parité (n.f.)	parity
parité impaire (n.f.); imparité (n.f.)	odd parity
parité paire (n.f.)	even parity
par ordinateur (adj.)	computer (adj.)
par ordinateur; informatisé; computationnel	computational
parsage (n.m.); analyse syntaxique (n.f.)	parsing; syntax analysis
partage de temps (n.m.)	time sharing; timesharing
partagiciel (n.m.); logiciel contributif (n.m.)	shareware
pas (n.m.); espacement (n.m.); pas de masque (n.m.) [pixels]	pitch; dot pitch [pixels]
pas des caractères (n.m.); pas d'impression (n.m.)	character pitch; pitch
passage machine (n.m.)	run (n.)
passerelle (n.f.)	gateway
pause (n.f.)	pause
pavé (n.m.)	tile
pavé d'organigramme (n.m.)	assertion box
pavé numérique (n.m.); clavier numérique (n.m.)	numeric keypad; numeric pad; keypad
PC; ordinateur individuel (n.m.); ordinateur personnel (n.m.)	personal computer; PC

peaufinage (n.m.); mise au point (n.f.) [applications]	tweaking [applications]
peigne de lecture-écriture (n.m.); peigne (n.m.)	comb
perceur de code (n.m.)	cracker
périphérique (n.m.)	peripheral (n.)
périphérique de sortie (n.m.)	output device
permutation (n.f.); échange (n.m.)	swapping
personnel informatique (n.m.)	jellyware; liveware; peopleware
perte de données (n.f.)	data loss; loss of data
photostyle (n.m.); crayon lecteur (n.m.); stylet (n.m.)	light pen; light sensor; pen
pictogramme (n.m.); icône (n.f.); icone (n.m.)	icon; pictograph
pieuvre (n.f.) [câbles]	octopus [cables]
pile (n.f.)	stack (n.)
pilote (n.m.)	driver
pilote de périphérique (n.m.)	device driver
piloté par commandes; à commandes	command driven
piloté par menu; à menus	menu-based; menu-driven
piloté par ordinateur; commandé par ordinateur	computer-operated
pipeline (n.m.); traitement pipeline (n.m.)	pipelining
piratage (n.m.)	piracy
piratage logiciel (n.m.)	software piracy

pirate informatique (n.m.)	hacker
piste (n.f.)	track (n.)
piste de vérification (n.f.); piste de contrôle (n.f.)	audit trail; security audit trail
pistes par pouce (n.f.); tpi	tracks per inch; tpi
pivoter	swivel (v.)
pixel (n.m.)	pel; picture element; pixel
pixelisation (n.f.)	pixellization
plage d'affichage (n.f.); plage (n.f.)	blob; image region
plateau de chargement (n.m.)	caddy
point à point	point-to-point
point centré (n.m.) [polices de caractères]	bullet [fonts]
pointer-cliquer	point and click
pointeur (n.m.)	pointer
pointeur de pile (n.m.)	stack pointer; stack indicator
points par pouce (n.m.); DPI	DPI; Dots Per Inch
police (n.f.); police de caractères (n.f.)	font; type font
police à échelle modifiable (n.f.); police à taille modifiable (n.f.)	scalable font
police de caractères (n.f.); police (n.f.)	font; type font
police True Type (n.f.)	True Type font
port (n.m.)	port (n.)
portabilité (n.f.)	portability

portage (n.m.)	porting
portatif (n.m.); ordinateur portatif (n.m.)	laptop; laptop computer
portatif à stylet (n.m.); ordinateur portatif à stylet (n.m.)	pentop; pentop computer
porte (n.f.)	gate
port parallèle (n.m.)	parallel port; P/P port; LPT port
port série (n.m.)	serial port; S/P
poste de saisie (n.m.)	input station
poste de travail (n.m.); station de travail (n.f.)	work station; WS; workstation
Poste-Lettre (n.f.) [Société canadienne des postes]	Lasermail [Canada Post]
pourcentage d'utilisation (n.m.)	duty cycle
PowerPC®	PowerPC®
PPM; pages par minute (n.f.)	pages per minute; PPM
PréAO; présentation assistée par ordinateur (n.f.)	computer-assisted presentation; CAP
précâblé	hard-wired
pré-chargé	hot-loaded; factory-installed
prédécrémenter	predecrement (v.)
premier entré, premier sorti	FIFO; first in, first out
premier essai (n.m.); essai alpha (n.m.)	alpha test (n.)
prendre en charge; soutenir	support (v.)
présentation assistée par ordinateur (n.f.); PréAO	computer-assisted presentation; CAP

presse-papiers (n.m.)	clip board; clipboard
prêt à l'emploi; prêt à utiliser; branchez et jouez; branchez et ça marche	plug-and-go; plug-and-play
préventif	preventive
préversion [logiciels]	pre-release; interim release [software]
prévisualisation (n.f.)	preview (n.)
probabiliste	probabilistic
procédure d'abandon (n.f.)	aborting procedure; abort procedure
processeur (n.m.); microprocesseur (n.m.)	microprocessor; processor
processeur Alpha (n.m.)	Alpha processor
processeur dorsal (n.m.)	back-end processor
processeur frontal (n.m.)	front-end processor
processeur nodal (n.m.)	node processor
processeur pipeline (n.m.)	pipeline processor
processeur vectoriel (n.m.)	array processor; AP
productique (n.f.)	computer-integrated manufacturing; CIM
profil d'utilisateur (n.m.); profil d'usager (n.m.) (à éviter)	user profile
progiciel (n.m.)	package; software package
progiciel exécutable (n.m.); exécuteur (n.m.)	runtime software
programmathèque (n.f.)	programme library

programmation des ordinateurs (n.f.); programmation informatique (n.f.)	computer programming
programmation linéaire (n.f.)	linear programming
programmation modulaire (n.f.)	modular programming
programmation structurée (n.f.); PS	SP; structured programming
programmation symbolique (n.f.)	symbolic programming
programme (n.m.)	program; programme
programmé	softwired
programme d'analyse sélective (n.m.)	snapshot programme
programme d'application (n.m.)	application program
programme d'assemblage (n.m.); assembleur (n.m.)	assembler
programme de chargement (n.m.); chargeur (n.m.)	loader
programme de compilation (n.m.); compilateur (n.m.)	compiler
programme de dépistage (n.m.); programme de traçage (n.m.)	trace programme
programme de diagnostic (n.m.)	diagnostic programme
programme de service (n.m.); programme utilitaire (n.m.)	utility programme
programme de traçage (n.m.); programme de dépistage (n.m.)	trace programme
programme de traduction (n.m.); traducteur (n.m.)	translator; translating programme
programme d'interprétation (n.m.); interpréteur (n.m.)	interpreter

programme fantôme (n.m.); démon (n.m.)	daemon; demon
programme non résident (n.m.)	transient programme
programme objet (n.m.)	object programme
programmé par l'utilisateur; configuré par l'utilisateur	user-defined
programme résident (n.m.)	resident programme
programme résultant (n.m.)	target programme
programme spool (n.m.)	spooler
programmeur (n.m.)	programmer
programmeur de mémoire morte programmable (n.m.); programmeur de PROM (n.m.)	PROM blaster; PROM burner; PROM programmer; PROM writer
programme utilisateur (n.m.)	user program
programme utilitaire (n.m.); programme de service (n.m.)	utility programme
programme-ver (n.m.); asticot (n.m.); ver (n.m.) [sécurité]	worm [security]
propriétal [Canada]; propriétaire [France]	proprietary; proprietory
protection anti-effacement (n.f.)	delete protection
protégé	protected
protocole (n.m.)	protocol
protocole d'accès (n.m.)	access protocol
PS; programmation structurée (n.f.)	SP; structured programming
pseudocode (n.m.)	pseudocode
pseudocouleur (n.f.)	pseudocolour

publication assistée par ordinateur (n.f.); PAO	computer-aided publishing; CAP
puce (n.f.); microplaquette (n.f.)	chip
puits à dépression (n.m.); colonne à vide (n.f.)	scramble bin; vacuum chamber; vacuum bin; vacuum column
pupitreur (n.m.)	console operator

qualité brouillon	draft mode; draft quality
qualité courrier	letter quality
qualité quasi-courrier (n.f.); qualité pseudo-courrier (n.f.)	near-letter quality; NLQ
quartet (n.m.)	four-bit byte; nibble; quartet
quintet (n.m.)	five-bit byte; quintet

raccourci clavier (n.m.); touche directe (n.f.)	hot key; keyboard shortcut
RAM; mémoire vive (n.f.)	random access memory
RAM statique (n.f.); mémoire vive statique (n.f.); SRAM	SRAM; Static Random Access Memory; static RAM
rappel (n.m.)	recall
rationalisation (n.f.)	streamlining
rattrapage (n.m.)	retrofit

RAZ; remise à zéro (n.f.)	reset
réalité virtuelle (n.f.); RV; réalité artificielle (n.f.); cyberespace (n.m.)	virtual reality; VR; artificial reality; cyberspace
réamorçage (n.m.); réinitialisation (n.f.)	rebootstrapping; rebooting
recherche (n.f.); consultation (n.f.)	lookup (n.)
recherche binaire (n.f.)	binary search
recherche et remplacement; rechercher/remplacer	search and replace
recherche globale (n.f.)	global search
rechercher/remplacer; recherche et remplacement	search and replace
reconnaissance de caractères (n.f.)	character recognition
reconnaissance d'écriture cursive (n.f.)	cursive writing recognition; cursive script recognition
reconnaissance de la parole (n.f.)	speech recognition
reconnaissance de l'écriture manuscrite (n.f.)	handwriting recognition
reconnaissance des formes (n.f.)	pattern recognition
reconnaissance optique de caractères (n.f.); ROC	OCR; optical character recognition
reconnaissance vocale (n.f.)	voice recognition; VR
récupération (n.f.)	retrieval
récurrent; récursif	recurrent; recursive
redondant	redundant
réduction (n.f.); compactage (n.m.)	downsizing
réécriture (n.f.)	rewriting

régénération d'écran (n.f.)	screen refresh
registre (n.m.)	register (n.)
registre d'adresse (n.m.)	address register
réglage de parité (n.m.)	parity setting
règle (n.f.)	ruler
règle de syntaxe (n.f.)	syntax rule
réinitialisation (n.f.); réamorçage (n.m.)	rebootstrapping; rebooting
remise à zéro (n.f.); RAZ	reset
remise en file d'attente (n.f.)	requeuing
remplacement (n.m.)	replace (n.)
rendu (n.m.)	rendering
renforcé	ruggedized
renouement (n.m.); bouclage (n.m.)	wrap; wraparound
réparation à chaud (n.f.)	hot fix
répertoire (n.m.)	directory
répertoire racine (n.m.)	root directory
repli (n.m.)	fallback
reprendre	resume (v.)
représentation des données (n.f.)	data representation
reprise (n.f.)	recovery
reprise sur défaillance (n.f.)	failure recovery
répudiation (n.f.)	repudiation
réseau (n.m.)	network (n.)

réseau à valeur ajoutée (n.m.); RVA	value added network; VAN
réseau de neurones (n.m.); réseau neuronal (n.m.)	neural net; neural network
réseau de tiers (n.m.)	third party network
réseau d'ordinateurs (n.m.); réseau informatique (n.m.)	computer network
réseau local (n.m.); RL	LAN; local network; local area network
réseau longue portée (n.m.); grand réseau (n.m.)	WAN; Wide Area Network
réseau neuronal (n.m.); réseau de neurones (n.m.)	neural net; neural network
réseautage (n.m.); mise en réseau (n.f.)	networking
réseautique (n.f.); informatique communicante (n.f.)	network computing; networking
réservé; spécialisé	dedicated
résidant en mémoire	memory resident
résilience (n.f.); tolérance aux pannes (n.f.)	fault tolerance; resilience
résolution (n.f.)	resolution
restauration (n.f.)	restore (n.)
restaurer	restore (v.)
restituer; annuler une suppression	undelete
retour à la ligne (n.m.); retour à la marge (n.m.)	carriage return; CR; return
rétroaction tactile (n.f.)	tactile feedback; positive feedback
réveil (n.m.); activation (n.f.)	wakeup; wake-up

RL; réseau local (n.m.)	LAN; local network; local area network
robotique (n.f.)	robotics
ROC; reconnaissance optique de caractères (n.f.)	OCR; optical character recognition
ROM; mémoire morte (n.f.)	read-only memory; ROM
rouge-vert-bleu; RVB	RGB; red-green-blue
routeur (n.m.)	router
routine (n.f.)	routine
routine utilisant les registres (n.f.)	register-based routine
RV; réalité artificielle (n.f.); cyberespace (n.m.); réalité virtuelle (n.f.)	virtual reality; VR; artificial reality; cyberspace
RVA; réseau à valeur ajoutée (n.m.)	value added network; VAN
RVB; rouge-vert-bleu	RGB; red-green-blue

saisie (n.f.); frappe (n.f.)	keyboarding
saisie de données (n.f.)	data capture; data entry
sans état d'attente; état d'attente nul (n.m.)	zero wait; zero wait state; 0WS
saut de page (n.m.); changement de page (n.m.)	page break
sauvegarde sur bande (n.f.)	tape backup

scan (n.m.) (à éviter); balayage (n.m.); lecture (n.f.)	scanning; scan (n.)
scanner (n.m.); scanneur (n.m.) [moins fréquent]	scanner
scanner (à éviter); balayer; explorer	scan (v.)
scanner à feuilles (n.m.)	sheet-fed scanner
scanner à main (n.m.)	handheld scanner; hand scanner
scanner couleur (n.m.)	colour scanner
scanner optique (n.m.); lecteur optique (n.m.)	optical scanner; optical reader
scanneur (n.m.) [moins fréquent]; scanner (n.m.)	scanner
scénarisation (n.f.)	scripting
scène du monde réel (n.f.) [réalité virtuelle]	real world scene [virtual reality]
schématiseur (n.m.); organisateur d'idées (n.m.)	outliner
SE; système expert (n.m.)	ES; expert system
séance (n.f.) (à éviter); session (n.f.)	session
séance d'interrogation (n.f.) (à éviter); session d'interrogation (n.f.)	query session
secteur (n.m.)	sector
sectorisation (n.f.)	sectoring
sectorisation logicielle (n.f.)	soft sectoring
sectorisation matérielle (n.f.)	hard sectoring
sécurité des données (n.f.)	data security

sécurité informatique (n.f.)	computer security
segment (n.m.)	segment (n.)
segment de base (n.m.)	root segment
segment de contrôle de début (n.m.)	control header
segment de contrôle de fin (n.m.)	control trailer
segment de données (n.m.)	data segment
segment de recouvrement (n.m.)	overlay segment
sémaphore (n.m.)	semaphore
semi-duplex	half-duplex
senseur (n.m.) (à éviter); capteur (n.m.)	sensor
septet (n.m.)	septet; seven-bit byte
séquenceur (n.m.)	sequencer
serveur (n.m.)	server
serveur de réseau (n.m.)	network server
service Facsimilé (n.m.) [Société canadienne des postes]	Faxmail [Canada Post]
session (n.f.); séance (n.f.) (à éviter)	session
session d'interrogation (n.f.); séance d'interrogation (n.f.) (à éviter)	query session
seuil (n.m.)	threshold
sextet (n.m.)	sextet; six-bit byte
SFDD; Simple Face, Double Densité	Single Sided/Double Density; SS/DD

SFSD; Simple Face, Simple Densité	Single Sided/Single Density; SS/SD
SGBD; système de gestion de base de données (n.m.)	database management system; DBMS
SGBDR; système de gestion de base de données relationnelles (n.m.)	RDBMS; relational database management system
SGML; langage standard de balisage généralisé (n.m.)	SGML; Standard Generalized Mark up Language
signature électronique (n.f.)	electronic signature
SIMD; instruction unique, données multiples (n.f.)	SIMD; single instruction, multiple data
Simple Face, Double Densité; SFDD	Single Sided/Double Density; SS/DD
Simple Face, Simple Densité; SFSD	Single Sided/Single Density; SS/SD
simulateur de modem (n.m.); faux modem (n.m.); modem nul (n.m.)	modem eliminator; null modem
simulation (n.f.)	simulation
sinistre informatique (n.m.)	computer disaster
SISD; instruction unique, donnée unique (n.f.)	single instruction, single data; SISD
société sans papier (n.f.)	paperless society
socle inclinable et pivotant (n.m.) [moniteurs]	tilt swivel base [monitors]
solution de rechange (n.f.); truc (n.m.)	workaround
sortance (n.f.)	fan-out
sortie (n.f.)	quit; exit

sortie sur imprimante (n.f.); imprimé (n.m.)	printout
sourçage (n.m.)	sourcing
souris (n.f.)	mouse
souris 3D (n.f.); souris volante (n.f.) [réalité virtuelle]	airborne mouse; flying mouse; 3D mouse [virtual reality]
souris infrarouge (n.f.)	infrared mouse
souris mécanique (n.f.)	mechanical mouse
souris optique (n.f.)	optical mouse
souris-stylo (n.f.); stylo-souris (n.m.)	mousepen
souris volante (n.f.); souris 3D (n.f.) [réalité virtuelle]	airborne mouse; flying mouse; 3D mouse [virtual reality]
sous-balayage (n.m.)	underscan; underscanning
sous-menu (n.m.)	submenu
sous-programme (n.m.); sous-routine (n.f.) (à éviter)	subroutine
sous-programme de transfert de tâche (n.m.)	task swapper
sous-répertoire (n.m.)	subdirectory
sous-routine (n.f.) (à éviter); sous-programme (n.m.)	subroutine
soutenabilité (n.f.); capacité de soutien (n.f.)	supportability
soutenir; prendre en charge	support (v.)
soutien (n.m.); appui (n.m.)	support (n.)
soutien informatique (n.m.)	system(s) support
spécialisé; réservé	dedicated

spool (n.m.); spoule (n.m.); fichier de désynchronisation (n.m.)	simultaneous peripheral operation online; spool (n.)
spooler; spouler	spool (v.)
spoule (n.m.)	spooling
spoule (n.m.); fichier de désynchronisation (n.m.); spool (n.m.)	simultaneous peripheral operation online; spool (n.)
spouler; spooler	spool (v.)
squelette de fil de fer (n.m.); fil de fer (n.m.)	wireframe drawing; wireframe
SRAM; RAM statique (n.f.); mémoire vive statique (n.f.)	SRAM; Static Random Access Memory; static RAM
SSI; intégration à petite échelle (n.f.)	small-scale integration; SSI
station d'ancrage (n.f.); station d'accueil (n.f.)	docking station; expansion unit
station de travail (n.f.); poste de travail (n.m.)	work station; WS; workstation
stockage (n.m.)	storage
stockage central (n.m.)	main storage
stockage de masse (n.m.)	mass storage
stockage et retransmission (n.m.)	store and forward
stockage RAID (n.m.); grappe de disques (n.f.)	RAID storage; Redundant Array of Inexpensive Disks
structure arborescente (n.f.); arborescence (n.f.)	tree-like structure; tree structure
stylet (n.m.); photostyle (n.m.); crayon lecteur (n.m.)	light pen; light sensor; pen
stylo-souris (n.m.); souris-stylo (n.f.)	mousepen

superinformatique (n.f.)	supercomputing
superintégration (n.f.); intégration superscalaire (n.f.)	super large-scale integration
superminiordinateur (n.m.); supermini (n.m.)	supermini; superminicomputer
superordinateur (n.m.)	supercomputer
superposition (n.f.); écrasement (n.m.)	overwriting
support d'information (n.m.)	data medium; medium
supprimer l'effet d'une commande; défaire	undo (v.)
surbalayage (n.m.)	overscan; overscanning
surfrappe (n.f.)	overtyping
surimpression (n.f.)	strikeover
sur place; sur les lieux; sur site	on site
survol (n.m.); balayage (n.m.)	browsing; browse
survolable; balayable	browsable
symbole mnémonique (n.m.)	mnemonic symbol
synchrone	synchronous
synchronisation (n.f.)	genlock; genlocking
syndrome métacarpien (n.m.) [frappe au clavier]	carpal tunnel syndrome [keyboarding]
synthèse vocale (n.f.)	speech synthesis
synthétiseur d'image (n.m.)	image synthesizer
système à base de connaissances (n.m.); système basé sur la connaissance (n.m.)	KBS; knowledge-based system

système à mémoire virtuelle (n.m.)	VMS; Virtual Memory System
système basé sur la connaissance (n.m.); système à base de connaissances (n.m.)	KBS; knowledge-based system
système de fichier (n.m.)	file system; FS
système de gestion de base de données (n.m.); SGBD	database management system; DBMS
système de gestion de base de données relationnelles (n.m.); SGBDR	RDBMS; relational database management system
système d'entrées/sorties de base (n.m.); BIOS	BIOS; basic input/output system
système de traitement de texte (n.m.)	word processor; WP; word-processing system
système d'exploitation (n.m.)	operating system; OS
système d'exploitation à disques (n.m.); DOS	disk operating system; DOS
système d'exploitation en temps réel (n.m.)	real-time operating system; RTOS
système essentiel (n.m.); coquille (n.f.)	shell; shell system
système expert (n.m.); SE	ES; expert system
système informatique (n.m.)	computer system
systolique	systolic

Tab; tabulateur (n.m.)	Tab key; Tab; tabulator key

tableau d'affichage électronique (n.m.); babillard électronique (n.m.) [Canada]	BBS; Bulletin Board System; electronic BBS
table d'allocation de fichier (n.f.); TAF	file allocation table; FAT
table de décision (n.f.)	decision table
table de pixels (n.f.)	pixmap; pixel map
table traçante (n.f.); traceur (n.m.)	plotter
tablette graphique (n.f.)	graphics tablet
tablette tactile (n.f.)	touch pad
tableur (n.m.)	spreadsheet
tabulateur (n.m.); Tab	Tab key; Tab; tabulator key
tâche (n.f.)	task
tâche de fond (n.f.) [infographie]	background [computer graphics]
TAF; table d'allocation de fichier (n.f.)	file allocation table; FAT
tampon (n.m.)	buffer (n.)
tamponnage (n.m.); bufférisation (n.f.) (à éviter); mise en tampon (n.f.)	buffering
tamponné; bufférisé (à éviter)	buffered
tapis de souris (n.m.); tapis à souris (n.m.)	mouse pad; mouse mat
taux d'erreurs (n.m.)	error rate
technologie de l'information (n.f.); TI	information technology; IT
technologie de mise en service (n.f.); technologie habilitante (n.f.)	enabling technology

technologie de pointe (n.f.); technologie récente (n.f.)	advanced technology
technologie habilitante (n.f.); technologie de mise en service (n.f.)	enabling technology
technologie naissante (n.f.)	emerging technology
technologie récente (n.f.); technologie de pointe (n.f.)	advanced technology
TÉF; transfert électronique de fonds (n.m.)	electronic funds transfer; EFT
teinte-luminosité-saturation (n.f.); TLS	Hue-Light-Saturation; HLS
téléchargement amont (n.m.)	uploading
téléchargement aval (n.m.)	downloading
télécopie (n.f.); fac-similé (n.m.); fax (n.m.)	facsimile; fax; telefax
télécopier; faxer	fax (v.)
télécopieur (n.m.); fax (n.m.)	facsimile machine; telecopier; fax machine; fax
télécoupleur (n.m.)	telecoupler
tel écran, tel écrit; tel-tel	What You See Is What You Get; WYSIWYG
tel écran, tel obtenu	WYSBYGI; What You See Before You Get It
tel écran, tel télécopié	WYSIWYF; What You See Is What You Fax
téléenseignement (n.m.)	distance learning
téléinformatique (n.f.)	teleinformatics
télémaintenance (n.f.)	telemaintenance

télématique (n.f.)	telematics
téléprésence (n.f.); immersion (n.f.) [réalité virtuelle]	walk through; walkthrough; telepresence [virtual reality]
télésoumission des travaux (n.f.)	remote job entry
télétraitement (n.m.)	remote access data processing; remote processing; teleprocessing
télétravail (n.m.)	telework
télétravail de voisinage (n.m.)	telecottaging
tel imprimé, tel télécopié	WYPIWYF; What You Print Is What You Fax
tel-tel; tel écran, tel écrit	What You See Is What You Get; WYSIWYG
TEMPEST [sécurité]	TEMPEST [security]
temps d'accès (n.m.)	access time
temps d'attente (n.m.)	latency; waiting time
temps de bon fonctionnement (n.m.)	uptime
temps de mise sous tension (n.m.)	duty cycle
temps de réponse (n.m.); temps réponse (n.m.)	response time
temps d'essai (n.m.)	testing time
temps d'exécution (n.m.)	execution time; running time; run time; turnaround time
temps mort (n.m.)	idle time
temps réponse (n.m.); temps de réponse (n.m.)	response time
térabit (n.m.)	terabit
téraflop (n.m.); Tflop	teraflop; T-flop

téraoctet (n.m.); TO	terabyte; TB
terminal (n.m.)	terminal
terminal à écran cathodique (n.m.)	cathode-ray tube terminal; CRT terminal
terminal de visualisation (n.m.); terminal vidéo (n.m.)	visual display terminal; VDT
terminal point de vente (n.m.); TPV	point-of-sale terminal
terminal vidéo (n.m.); terminal de visualisation (n.m.)	visual display terminal; VDT
test d'évaluation des performances (n.m.); banc d'essai (n.m.)	benchmark test; test bench; test bed
tête de lecture-écriture (n.f.)	read/write head
tête flottante (n.f.)	flying head
texte en clair (n.m.)	plain text
Tflop; téraflop (n.m.)	teraflop; T-flop
TI; traitement de l'information (n.m.)	information processing
TI; technologie de l'information (n.f.)	information technology; IT
tirer/lâcher; glisser-déposer	drag and drop
TLS; teinte-luminosité-saturation (n.f.)	Hue-Light-Saturation; HLS
TO; téraoctet (n.m.)	terabyte; TB
tolérance aux pannes (n.f.); résilience (n.f.)	fault tolerance; resilience
tolérance aux pannes du système (n.f.)	system fault tolerance; SFT; system resilience

topographie mémoire (n.f.); mappe (n.f.)	map (n.); memory map; mapping
touche à double fonction (n.f.); touche Alt (n.f.); Alt	alternate key; Alt key; AltCar key; Alt
touche contrôle (n.f.); touche de commande (n.f.); Ctrl; touche de service (n.f.)	control key; Ctrl key; Ctrl
touche d'accès rapide (n.f.)	quick access key
touche début d'écran (n.f.); touche position 1 (n.f.)	Home Key; Home
touche d'échappement (n.f.); Échappement (n.m.)	escape key; Esc Key; Esc
touche de commande (n.f.); Ctrl; touche de service (n.f.); touche contrôle (n.f.)	control key; Ctrl key; Ctrl
touche de défilement (n.f.); touche Défil (n.f.)	scroll lock key; Scroll Lock
touche de direction (n.f.); touche flèche (n.f.); touche fléchée (n.f.); touche de directivité (n.f.)	arrow key; direction key
touche Défil (n.f.); touche de défilement (n.f.)	scroll lock key; Scroll Lock
touche de fonction (n.f.)	function key
touche de fonction programmable (n.f.); touche programmable (n.f.)	soft key; soft function key; user-defined key; programmable function key
touche de positionnement du clavier (n.f.)	shift key; Shift
touche de rappel arrière (n.f.); touche d'espacement arrière (n.f.)	Backspace key; Backspace
touche de répétition (n.f.)	repeat key

touche de service (n.f.); touche contrôle (n.f.); touche de commande (n.f.); Ctrl	control key; Ctrl key; Ctrl
touche d'espacement arrière (n.f.); touche de rappel arrière (n.f.)	Backspace key; Backspace
touche de verrouillage (n.f.); FixMaj	Caps Lock key; capital lock key; Caps Lock; Shift lock key
touche de verrouillage numérique (n.f.); Verr Num	Num Lock Key; Num Lock
touche d'impression d'écran (n.f.); Impr. Écran	print screen key; Print Scrn
touche directe (n.f.); raccourci clavier (n.m.)	hot key; keyboard shortcut
touche effacement (n.f.); effacement (n.m.)	Delete; Delete key
touche Entrée (n.f.); Entrée (n.f.)	Enter key; Enter
touche flèche (n.f.); touche fléchée (n.f.); touche de directivité (n.f.); touche de direction (n.f.)	arrow key; direction key
touche morte (n.f.)	dead key; non-escaping key
touche position 1 (n.f.); touche début d'écran (n.f.)	Home Key; Home
touche programmable (n.f.); touche de fonction programmable (n.f.)	soft key; soft function key; user-defined key; programmable function key
toujours visible [logiciels à fenêtres]	always on top [window software]
tour (n.f.); châssis vertical (n.m.)	tower; deskside; upright
tournage de page (n.m.)	page flipping
tourner	run (v.)
tpi; pistes par pouce (n.f.)	tracks per inch; tpi

TPV; terminal point de vente (n.m.)	point-of-sale terminal
traceur (n.m.); table traçante (n.f.)	plotter
traceur à plumes (n.m.)	pen plotter
traducteur (n.m.); programme de traduction (n.m.)	translator; translating programme
train binaire (n.m.); train numérique (n.m.)	bitstream
train de données fractionnables (n.m.)	split stream
train de travaux (n.m.); file de travaux (n.f.); flot de travaux (n.m.)	input stream; run stream; job stream; job queue
train d'impulsions (n.m.)	pulse train
train numérique (n.m.); train binaire (n.m.)	bitstream
traitement au stylet (n.m.); informatique stylo (n.f.); traitement sans clavier (n.m.)	pen-based computing; pen computing
traitement de données (n.m.)	data processing; DP
traitement de l'information (n.m.); TI	information processing
traitement des messages (n.m.)	message handling
traitement de texte (n.m.)	word processing; WP
traitement parallèle (n.m.)	parallel processing
traitement par lots (n.m.)	batch processing
traitement pipeline (n.m.); pipeline (n.m.)	pipelining

traitement sans clavier (n.m.); traitement au stylet (n.m.); informatique stylo (n.f.)	pen-based computing; pen computing
traitement série (n.m.)	serial processing
traitement vectoriel (n.m.)	vector processing
transcodage (n.m.); conversion de code (n.f.)	code conversion; transcoding
transfert (n.m.)	transfer
transfert de fichier (n.m.)	file transfer
transfert électronique de fonds (n.m.); TÉF	electronic funds transfer; EFT
transfert vidéo (n.m.)	video transfer
transistor en couches minces (n.m.)	TFT; thin-film transistor
transmission confidentielle (n.f.)	blind text
transmission de données (n.f.)	data transmission
transordinateur (n.m.)	transputer
tri (n.m.)	sorting
tri numérique (n.m.)	digital sorting; radix sorting; pocket sorting
triplet (n.m.)	three-bit byte; triplet
tri primaire (n.m.)	primary ordering
trou d'index (n.m.)	index hole
truc (n.m.); solution de rechange (n.f.)	workaround
tutoriel (n.m.)	tutorial

U

UAL; unité arithmétique et logique (n.f.)	ALU; arithmetic and logic unit
UCT; unité centrale de traitement (n.f.)	central processing unit; CPU; central processor
UGM; unité de gestion de mémoire (n.f.)	memory management unit; MMU
ultraportatif (n.m.); minibloc-notes (n.m.); ordinateur minibloc-notes (n.m.); ordinateur ultraportatif (n.m.)	subnotebook; sub-notebook computer
unidirectionnel	one-way
unité arithmétique et logique (n.f.); UAL	ALU; arithmetic and logic unit
unité centrale de traitement (n.f.); UCT	central processing unit; CPU; central processor
unité de commande (n.f.)	control unit
unité de disque (n.f.)	disk unit
unité de disque dur (n.f.)	hard disk drive; HDD
unité de disque magnétique (n.f.)	magnetic disk unit; MDU
unité de gestion de mémoire (n.f.); UGM	memory management unit; MMU
unité d'entrée (n.f.)	input device
unité de traitement (n.f.)	processing unit
UPS; alimentation noninterruptible (n.f.)	uninterruptible power supply; UPS
usager (n.m.); utilisateur (n.m.)	user

utilisateur (n.m.); usager (n.m.)	user
utilisateur autorisé (n.m.) [logiciels]	licensed user [software]
utilisateur final (n.m.)	end user
utilitaire (n.m.); logiciel utilitaire (n.m.); logiciel de service (n.m.)	utilities; utility software

V

vaccin (n.m.) [sécurité]	vaccine [security]
valeur implicite (n.f.)	default value
valeur réelle (n.f.)	actual value
validé; éprouvé	trusted
valise (n.f.); fichier d'accessoires (n.m.)	suitcase
veille (n.f.); attente (n.f.); hibernation (n.f.)	sleep mode; sleep
ver (n.m.); programme-ver (n.m.); asticot (n.m.) [sécurité]	worm [security]
vérificateur orthographique (n.m.); logiciel de vérification orthographique (n.m.)	spell checker; spelling checker
vérification à l'exécution (n.f.); contrôle d'exécution (n.m.)	run-time check
vérification à rebours (n.f.)	audit verification
vérification de parité (n.f.); contrôle de parité (n.m.)	parity check
vérification informatique (n.f.)	computer audit

vérifier après écriture	verify after write
Verr Num; touche de verrouillage numérique (n.f.)	Num Lock Key; Num Lock
verrouillage cul-de-sac (n.m.); impasse (n.f.)	deadlock
version (n.f.) [logiciels]	release [software]
version bêta (n.f.); version β (n.f.)	beta version; β version
version de logiciel (n.f.)	software release
vidéo bus local (n.f.)	local bus video
vidéoconférence (n.f.); visioconférence (n.f.)	video conference; video conferencing
vidéodisque laser (n.m.)	laser videodisc
vidéo en fenêtre (n.f.)	video-in-a-window
vidéo inversée (n.f.); affichage en négatif (n.m.)	reverse video; inverse video
vidéo numérique interactive (n.f.)	DVI; digital video interactive
vidéotex (n.m.)	videotext
vider; clicher [mémoire]	dump (v.); flush (v.) [memory]
vieillissement accéléré (n.m.)	burn-in (n.)
virgule flottante (n.f.)	floating point; FP
virus (n.m.); virus informatique (n.m.)	computer virus; virus
virus électronique (n.m.)	electronic virus
virus furtif (n.m.)	stealth virus
virus informatique (n.m.); virus (n.m.)	computer virus; virus

visioconférence (n.f.); vidéoconférence (n.f.)	video conference; video conferencing
vision artificielle (n.f.); vision par ordinateur (n.f.); visionique (n.f.)	computer vision; machine vision; artificial vision
vision du monde (n.f.)	world view; environment world view
vision électronique (n.f.)	electronic vision
visionique (n.f.); vision artificielle (n.f.); vision par ordinateur (n.f.)	computer vision; machine vision; artificial vision
visualisation (n.f.); affichage (n.m.)	display (n.)
visualiser	preview (v.)
visualiseur (n.m.)	viewer
visuel (n.m.); afficheur (n.m.)	display device
vitesse de régénération (n.f.)	refresh rate
vitesse de transfert (n.f.)	transfer rate
vitesse d'horloge (n.f.); fréquence d'horloge (n.f.)	clock speed
VLSI; intégration à très grande échelle (n.f.)	very large-scale integration; VLSI
vocal	talking; voice (adj.)
vocodeur (n.m.); codeur vocal (n.m.)	vocoder
voie d'accès (n.f.)	pathway
voyageur (n.m.); itinérant (n.m.); nomade (n.é.) [informatique mobile]	road warrior [mobile computing jargon]

WORM; disque à écriture unique (n.m.)

WORM; Write Once Read Many

Xmodem (n.m.)

Xmodem

Ymodem (n.m.)

Ymodem

Zmodem (n.m.)

Zmodem

zone (n.f.)

area

Bibliographie / Bibliography

Bélanger, Francine. — Vocabulaire du traitement de texte. — Québec : Gouvernement du Québec, Office de la langue française, 1992. — 76 p. — (Cahiers de l'Office de la langue française). — ISBN 2-5511-5212-7

Byte. — Vol. 18, no. 1 (Jan. 1993)-vol. 18, no. 13 (Dec. 1993). — [Peterborough (N.H.) : McGraw-Hill], 1993. — ISSN 0360-5280

Compatibles PC magazine. — Vol. 68 (juil.-août) 1993-vol. 73 (janv. 1994). — Saint-Mandé (France) : Société Européenne de Presse et de Communication, 1993-1994. — 5 vol.

Computerworld. — No. 1 (Jan. 4, 1993)-(Dec. 19-20, 1993). — [Framingham (Mass.) : CW Communications], 1993. — ISSN 0010-4841

Computing Canada. — Vol. 19, no. 1 (Jan. 1, 1993)-vol. 19, no. 26 (Dec. 15, 1993). — Willowdale (Ont.) : Plesman Pub., 1993. — ISSN 0319-0161

Delamarre, Gérard. — Dictionnaire des réseaux : télématique, RVA, EDI. — [Paris?] : À Jour, 1989. — 224 p. — ISBN 2-9036-8518-5

Dictionnaire d'informatique anglais-français : traitement de l'information, micro-informatique, télécommunications, bureautique et termes IBM. — [Montréal : IBM Canada, 1993]. — viii, 662 p.

Ginguay, Michel. — Dictionnaire anglais-français d'informatique : bureautique, télématique, micro-informatique. — 11e éd. rév. et augm. — Paris : Masson, 1992. — 286 p. — ISBN 2-2258-2276-1

IBM-France. — Terminologie du traitement de l'information. — [7e éd.]. — Paris : IBM-France, 1992. — 196, A-101 p.

Info-tech magazine : informatique & technologie. — Vol. 14, n° 4 (avril 1993)-vol. 14, n° 11 (déc. 1993). — Montréal : Éditions Info-Tech, 1993. — Fait suite à : Informatique et bureautique. — ISSN 0227-8332

Informatique et bureautique. — Vol. 14, n° 1 (janv. 1993)-vol. 14, n° 3 (mars 1993). — Montréal : Techno-Presse, 1993. — Suivi de : Info-tech magazine. — ISSN 0227-8332

International Organization for Standardization. − Dictionary of Computer Science : English-French = Dictionnaire de l'informatique : français-anglais. − Genève : ISO ; Paris : AFNOR, ©1989. − xi, 185, 189 p. − ISBN 2-1248-6911-6

Information Technology Vocabulary = Vocabulaire des technologies de l'information. − Prepared by the Canadian Advisory Committee to ISO/IEC JTC2/SC1 with the cooperation of the Department of the Secretary of State of Canada. − Rexdale (Ont.) : Canadian Standards Association, 1992. − xiv, 599 p.

Michel, France. − Vocabulaire de l'échange de documents informatisés : vocabulaire anglais-français. − [Québec] : Gouvernement du Québec, Office de la langue française, ©1991. − ISBN 2-5511-4545-7

Neal, Thomas ; Paradis, Line. − Vocabulaire des industries graphiques : anglais-français, français-anglais = Graphic Arts Vocabulary : English-French, French-English. − Avec la collaboration de Paul Meloche. − [Ottawa] : Secrétariat d'État du Canada, Direction générale de la terminologie et des services linguistiques, 1986. − viii, 469 p. − (Les cahiers de terminologie = Terminology Series ; 30)

L'ordinateur individuel : le magazine de l'informatique pour tous. − (1993). − Paris : Groupe Tests, 1993. − ISSN 0183-570X

PC Lap Top Computers Magazine. − 1993. − Beverly Hills (Calif.) : L.F.P., 1993. − ISSN 1043-1314

PC Magazine : The Independent Guide to Personal Computing. − (Jan. 1993-Dec. 1993). − [New York : PC Communications Corp.], 1993. − ISSN 0888-8507

PC World. − Vol. 11, no. 1 (Jan. 1993)-vol. 11, no. 12 (Dec. 1993). − San Francisco : PC World Communications, 1993. − ISSN 0737-8939

Piard, Joëlle ; Piard, Christian. − Dictionnaire Quartet-Systems du Macintosh : anglais-français. − Avignon (France) : Quartet-Systems, 1990. − 203 p. − (Les spécialisés). − ISBN 2-9087-9600-7

Portable Computing. − Vol. 8, no. 1 (Jan. 1993)-vol. 8, no. 12 (Dec. 1993). − [Peterborough (N.H.) : IDG Communications], 1993. − ISSN 0890-3868

Science & vie micro : SVM. − N° 1 (janv. 1993)-n° 12 (déc. 1993). − [Paris : Excelsior Pub., 1993]

TERMIUM [fichier d'ordinateur] = TERMIUM [Computer File]. − (1988-janv. 1993). − [Ottawa] : Secrétariat d'État du Canada, 1993. − 1 disque au laser d'ordinateur ; 12 cm + 1 guide d'interrogation

Verreault, Carole. — Vocabulaire de la sécurité informatique : gestion de la sécurité : vocabulaire anglais-français. — [Québec] : Gouvernement du Québec, Office de la langue française, [1992?]. — 59 p. — (Terminologie technique et industrielle). — ISBN 2-5511-5211-9

Autres publications des Services de traduction

Bulletins de terminologie

- Additifs alimentaires
- Administration correctionnelle
- Administration municipale
- Administration publique et gestion
- Agriculture
- Bancaire
- Barrages
- Bourse et placement
- Budgétaire, comptable et financier
- Céramiques techniques
- CFAO mécanique
- Conditionnement d'air
- Constitutionnel (Lexique)
- Couche d'ozone
- Cuivre et ses alliages
- Électronique et télécommunications
- Emballage
- Fiscalité
- Génériques en usage dans les noms géographiques du Canada
- Génie cellulaire (structure cellulaire)
- Génie enzymatique
- Génie génétique
- Guerre spatiale
- Hélicoptères
- Industries graphiques
- Intelligence artificielle
- Langage Ada
- Libre-échange
- Logement et sol urbain
- Lois fédérales (Lexique juridique)
- Loisirs et parcs
- Lutte intégrée

Other Translation Services Publications

Terminology Bulletins

- Ada Language
- Advanced Ceramics
- Agriculture
- Air-Conditioning
- Artificial Intelligence
- Banking
- Budgetary, Accounting and Financial
- CAD/CAM Mechanical Engineering
- Cell Engineering (Cell Structure)
- Collection of Definitions in Federal Statutes
- Constitutional (Glossary)
- Copper and its Alloys
- Correctional Administration
- Dams
- Educational Technology and Training
- Electronics and Telecommunications
- Emergency Preparedness
- Enzyme Engineering
- Family Violence
- Federal Statutes (Legal Glossary)
- Food Additives
- Free Trade
- French Nomenclature of North American Birds
- Generic Terms in Canada's Geographical Names
- Genetic Engineering
- Global Warming (Contributors to the Greenhouse Effect)
- Graphic Arts
- Hazardous Materials in the Workplace

- Matières dangereuses utilisées au travail
- Micrographie
- Nomenclature française des oiseaux d'Amérique du Nord
- Pensions
- Protection civile
- Quaternaire
- Réchauffement climatique (les agents à effet de serre)
- Recueil des définitions des lois fédérales
- Sémiologie de l'appareil locomoteur (signes cliniques)
- Sémiologie de l'appareil locomoteur (signes d'imagerie médicale)
- Sémiologie médicale
- Services de santé
- Station spatiale
- Statistique et enquêtes
- Technologie éducative et formation
- Titres de lois fédérales
- Transport des marchandises dangereuses
- Transports urbains
- Vérification publique
- Violence familiale

- Health Services
- Helicopters
- Housing and Urban Land
- Integrated Pest Management
- Medical Signs and Symptoms
- Micrographics
- Municipal Administration
- Ozone Layer
- Packaging
- Parks and Recreation
- Pensions
- Public Administration and Management
- Public Sector Auditing
- Quaternary
- Signs and Symptoms of the Musculoskeletal System (Clinical Findings)
- Signs and Symptoms of the Musculoskeletal System (Medical Imaging Signs)
- Space Station
- Space War
- Statistics and Surveys
- Stock Market and Investment
- Taxation
- Titles of Federal Statutes
- Transportation of Dangerous Goods
- Urban Transportation

Collection Lexique

- Aménagement du terrain
- Caméscope
- Chauffage central
- Classification et rémunération
- Diplomatie
- Dotation en personnel
- Droits de la personne
- Économie
- Éditique
- Emballage
- Enseignement postsecondaire
- Explosifs
- Géotextiles
- Gestion des documents
- Gestion financière
- Immobilier
- Industries graphiques
- Matériel de sécurité

Glossary Series

- Acid Rain
- Camcorder
- Central Heating
- Classification and Pay
- Construction Projects
- Desktop Publishing
- Diplomacy
- Economics
- Explosives
- Financial Management
- Geotextiles
- Graphic Arts
- Human Rights
- Labour Relations
- Management Planning
- Meetings
- Packaging
- Parliamentary Procedure

- Mécanique des sols et fondations
- Planification de gestion
- Pluies acides
- Procédure parlementaire
- Projets de construction
- Relations du travail
- Reprographie
- Réunions
- Services sociaux

Collection Lexiques ministériels

- Assurance-chômage
- Emploi
- Immigration

Langue et traduction

- Postsecondary Education
- Realty
- Records Management
- Reprography
- Security Equipment
- Site Development
- Social Services
- Soil Mechanics and Foundations
- Staffing

Departmental Glossary Series

- Employment
- Immigration
- Unemployment Insurance

Language and Translation

- Aide-mémoire d'autoperfectionnement à l'intention des traducteurs et des rédacteurs
- Guide du rédacteur de l'administration fédérale
- Lexique analogique
- Repères - T/R
- The Canadian Style: A Guide to Writing and Editing
- Vade-mecum linguistique

Autres publications

- Bibliographie sélective : Terminologie et disciplines connexes

Other Publications

- Selective Bibliography: Terminology and Related Fields

- Compendium de terminologie chimique (version française du *Compendium of Chemical Terminology*)

L'Actualité terminologique

Bulletin d'information portant sur la recherche terminologique et la linguistique en général. (Abonnement annuel, 4 numéros)

On peut se procurer toutes les publications en écrivant à l'adresse suivante :

Groupe Communication
   Canada — Édition
Ottawa (Ontario)
K1A 0S9
tél. : (819) 956-4802

ou chez votre libraire local.

Terminology Update

Information bulletin on terminological research and linguistics in general. (Annual subscription, 4 issues)

All publications may be obtained at the following address:

Canada Communication
   Group — Publishing
Ottawa, Ontario
K1A 0S9
tel.: (819) 956-4802

or through your local bookseller.